Copilot Predictive Modelle

Erstellen Sie Ihre Excel-Prognosen

Claudia Keller

Copilot Predictive Modelle

Erstellen Sie Ihre Excel-Prognosen

Veröffentlicht von
Claudia Keller

ISBN
9798280007628

Urheberrechtshinweis

Haftungsausschluss:

INHALTSVERZEICHNIS

EINLEITUNG

In einer Welt, die zunehmend von Daten und Entscheidungen unter Unsicherheit geprägt ist, stehen wir vor einer grundlegenden Herausforderung: Wie können wir die Zukunft verlässlicher vorhersagen, um bessere strategische Entscheidungen zu treffen? Diese Frage hat mich während meiner gesamten Karriere im Controlling und in der Finanzplanung begleitet. Ich habe erlebt, wie Unternehmen mit unzureichenden Prognosen kämpfen, wie Teams stundenlang komplexe Modelle erstellen, die letztendlich doch nur auf simplen Annahmen basieren, und wie wichtige Investitionsentscheidungen auf Basis von Bauchgefühl statt fundierter Datenanalyse getroffen werden.

Als ich vor Jahren zum ersten Mal mit Excel arbeitete, war es eine Offenbarung – endlich ein Werkzeug, mit dem sich Zahlen strukturieren und analysieren ließen. Doch schnell erkannte ich auch die Grenzen: Die wirklich wertvollen Prognosemodelle erforderten tiefes statistisches Wissen oder komplexe Programmierung. Für viele Fach- und Führungskräfte blieb die prädiktive Modellierung deshalb ein unzugängliches Terrain.

Mit der Einführung von Microsoft Copilot erleben wir nun einen Wendepunkt. Diese KI-gestützte Assistenzfunktion verändert fundamental, wie wir mit Excel arbeiten können. Sie schlägt die Brücke zwischen der Einfachheit von Excel und der Leistungsfähigkeit prädiktiver Analytik. Mein Ziel mit diesem Buch ist es, Ihnen zu zeigen, wie Sie diese leistungsstarke Kombination nutzen können, um zuverlässigere Prognosen zu erstellen und fundiertere strategische Entscheidungen zu treffen.

Excel bleibt auch im Jahr 2025 das am weitesten verbreitete Analyse-Tool in deutschen Unternehmen. Egal ob im Controlling, in der Finanzplanung oder im Risikomanagement – die meisten von uns arbeiten täglich mit Tabellenkalkulation. Gleichzeitig ist der Bedarf an datengestützten Entscheidungen größer denn je. In meiner Beratungstätigkeit höre ich immer wieder Aussagen wie: "Wir wissen, dass unsere Prognosen besser sein könnten, aber wir haben weder die Zeit noch das Spezialwissen für komplexe Modelle." Genau hier setzt dieses Buch an.

Die Verknüpfung von Excel mit Copilot ermöglicht einen neuen, demokratisierten Zugang zur prädiktiven Modellierung. Sie müssen kein Datenwissenschaftler sein, um Zusammenhänge in Ihren Daten zu erkennen und diese für fundierte Prognosen zu nutzen. Mit den richtigen Anweisungen und einem strukturierten Ansatz kann Copilot Sie dabei unterstützen, verborgene Muster zu identifizieren, relevante Einflussfaktoren zu erkennen und verschiedene Szenarien durchzuspielen – alles innerhalb der vertrauten Excel-Umgebung.

Während meiner Tätigkeit als Leiterin der Finanzplanung in einem mittelständischen Fertigungsunternehmen stand ich vor der Herausforderung, Materialkosten präziser vorherzusagen. Traditionelle lineare Trendfortschreibungen lieferten unbefriedigende Ergebnisse, da sie wesentliche Einflussfaktoren wie Lieferantenpreisänderungen, Schwankungen der Rohstoffmärkte und saisonale Effekte nicht adäquat berücksichtigten. Der Umstieg auf ein Modell, das diese Faktoren integrierte – ähnlich dem, was wir in diesem Buch mit Copilot entwickeln werden – führte zu einer Verbesserung der Prognosegenauigkeit um mehr als 15%.

Dieses Buch richtet sich an eine Vielzahl von Fachleuten: Strategieanalysten, die verschiedene Szenarien modellieren möchten; Finanzplaner, die präzisere Vorhersagen benötigen; Risikomanager, die potenzielle Auswirkungen verschiedener Faktoren verstehen wollen; und alle Berufstätigen, die über einfache lineare Prognosen hinausgehen möchten, ohne sich in komplexer Statistik zu verlieren.

Die Reise, die vor Ihnen liegt, ist in fünf Hauptkapitel gegliedert:

1. **Das Fundament Legen**: Hier erfahren Sie, wie Sie Ihren Denkansatz von einfachen Trends hin zu Ursache-Wirkungs-Beziehungen verändern und wie Sie Copilot effektiv in Excel einsetzen können.

2. **Ihr Erstes Prädiktives Modell Bauen**: Sie lernen, wie Sie Copilot durch präzise Anweisungen anleiten, potenzielle Einflussfaktoren zu identifizieren und erste prädiktive Beziehungen zu erstellen.

3. **Modelle Verfeinern und Vertiefen**: Wir untersuchen, wie Sie durch iterative Verbesserungen und den Umgang mit Komplexität die Genauigkeit Ihrer Prognosen steigern können.

4. **Zukunftsszenarien Erkunden**: Sie erfahren, wie Sie mit Copilot strategische Simulationen durchführen, verschiedene Szenarien analysieren und deren Auswirkungen visualisieren können.

5. **Strategische Implementierung**: Abschließend zeige ich Ihnen, wie Sie die gewonnenen Erkenntnisse in konkrete Handlungsstrategien umsetzen und die prädiktive Modellierung in Ihrem Team oder Ihrer Organisation verankern können.

Was dieses Buch von anderen unterscheidet, ist der pragmatische Ansatz. Es geht nicht darum, Sie zu Statistikexperten zu machen, sondern Ihnen praktische Werkzeuge an die Hand zu geben, die Sie sofort in Ihrem beruflichen Alltag einsetzen können. Die vorgestellten Techniken sind so konzipiert, dass sie für Excel-Anwender mit unterschiedlichem Erfahrungsstand zugänglich sind.

In meiner eigenen Karriere habe ich erlebt, wie wertvoll es ist, wenn komplexe analytische Konzepte in verständliche,

6

anwendbare Schritte übersetzt werden. Als ich zum ersten Mal versuchte, Regressionsmodelle in Excel zu implementieren, war ich überfordert von den mathematischen Grundlagen. Ein Mentor half mir, die Konzepte zu vereinfachen und in praktische Anwendungen zu übersetzen. Dieser Ansatz prägt auch dieses Buch: Ich möchte Ihre Mentorin sein, die Ihnen hilft, die Leistungsfähigkeit prädiktiver Modelle zu nutzen, ohne dass Sie sich in theoretischer Komplexität verlieren.

Die Kombination von Excel und Copilot bietet einen einzigartigen Vorteil: Sie können mit den Werkzeugen arbeiten, die Sie bereits kennen, und gleichzeitig von der Leistungsfähigkeit künstlicher Intelligenz profitieren. Copilot kann Ihnen helfen, Muster in Ihren Daten zu erkennen, relevante Variablen zu identifizieren und komplexe Berechnungen zu automatisieren – während Sie die Kontrolle über den Prozess behalten und Ihr Domänenwissen einbringen.

In den kommenden Kapiteln werde ich Ihnen Schritt für Schritt zeigen, wie Sie diese Kombination nutzen können, um bessere Prognosemodelle zu erstellen. Wir werden mit einfachen Beispielen beginnen und uns langsam zu komplexeren Anwendungen vorarbeiten. Dabei lege ich Wert darauf, dass jeder Schritt nachvollziehbar und in Ihrem eigenen Arbeitskontext anwendbar ist.

Mein Versprechen an Sie ist, dass Sie nach der Lektüre dieses Buches in der Lage sein werden, Excel und Copilot zu nutzen, um:

- Relevante Einflussfaktoren in Ihren Daten zu identifizieren
- Einfache, aber wirkungsvolle prädiktive Modelle zu erstellen
- Verschiedene Szenarien zu simulieren und zu vergleichen
- Die Ergebnisse überzeugend zu kommunizieren
- Fundiertere strategische Entscheidungen zu treffen

7

Diese Fähigkeiten werden Ihnen nicht nur helfen, bessere Prognosen zu erstellen, sondern auch Ihre Position als strategischer Partner in Ihrem Unternehmen stärken. In einer Zeit, in der datengestützte Entscheidungsfindung immer wichtiger wird, können diese Kompetenzen einen entscheidenden Wettbewerbsvorteil darstellen.

Bevor wir starten, möchte ich noch einen wichtigen Aspekt ansprechen: Die in diesem Buch vorgestellten Techniken sind nicht dazu gedacht, komplexe statistische Modelle oder spezialisierte Prognosesoftware vollständig zu ersetzen. Es gibt Situationen, in denen fortgeschrittene Methoden wie Machine Learning oder econometrische Modelle angemessener sind. Was dieses Buch Ihnen jedoch bietet, ist ein pragmatischer Mittelweg – leistungsfähiger als einfache Trendfortschreibungen, aber zugänglicher als komplexe statistische Verfahren.

Lassen Sie uns gemeinsam die Reise beginnen, um die Art und Weise zu transformieren, wie Sie Prognosen erstellen und strategische Entscheidungen treffen. Die Kombination aus Excel und Copilot eröffnet spannende neue Möglichkeiten, und ich freue mich darauf, Sie auf diesem Weg zu begleiten.

Von Vagen Schätzungen zur Prognoseklarheit: Die Excel-Revolution Starten

Die Grenzen Traditioneller Excel-Prognosen Überwinden

Meine Frustration war greifbar, als ich vor dem Monitor saß und auf die Excel-Tabelle starrte, die unsere Umsatzprognose für das kommende Jahr darstellen sollte. Die einfache Trendlinie zeigte nach oben, doch in meinem Magen machte sich ein ungutes Gefühl breit. Wie sollte ich dem Vorstand glaubhaft vermitteln, dass diese Projektion die kommenden Marktveränderungen berücksichtigt? Diese Situation ist mir in meiner Karriere immer wieder begegnet, und ich bin sicher, dass Sie ähnliche Momente kennen.

Excel ist zweifelsohne ein mächtiges Werkzeug. Seit seiner Einführung hat es die Art und Weise revolutioniert, wie wir mit Daten arbeiten. Doch wenn es um Prognosen geht, stoßen traditionelle Excel-Ansätze oft an ihre Grenzen. Diese Grenzen zu verstehen ist der erste Schritt, um sie zu überwinden und das volle Potenzial von Excel in Kombination mit Copilot zu nutzen.

Der klassische Ansatz für Prognosen in Excel basiert typischerweise auf historischen Trends. Wir nehmen Daten aus der Vergangenheit, erstellen eine Trendlinie und extrapolieren diese in die Zukunft. Dies ist einfach umzusetzen und leicht zu erklären, weshalb diese Methode so verbreitet ist. Doch in einer zunehmend volatilen Geschäftswelt reicht dieser Ansatz oft nicht mehr aus.

Die erste fundamentale Grenze traditioneller Excel-Prognosen liegt in ihrer Linearität. Die meisten einfachen Prognosefunktionen in Excel gehen von linearen Beziehungen aus. Die Realität ist jedoch selten linear. Denken Sie an den Zusammenhang zwischen Marketingausgaben und Umsatz: Anfänglich kann eine Erhöhung des Marketingbudgets zu signifikanten Umsatzsteigerungen führen, doch ab einem gewissen Punkt nehmen die Renditen ab. Diese nicht-linearen Beziehungen werden von standardmäßigen Excel-Trendprognosen nicht erfasst.

In einem Projekt für einen Einzelhändler zeigten die linearen Prognosen einen kontinuierlichen Anstieg der Verkaufszahlen über das Jahr hinweg. Als wir jedoch nicht-lineare Faktoren wie saisonale Schwankungen und die Sättigungseffekte in bestimmten Marktregionen berücksichtigten, ergab sich ein deutlich differenzierteres Bild mit mehreren Höhen und Tiefen. Der Unterschied in der Genauigkeit war beachtlich.

Eine weitere entscheidende Limitation ist die fehlende Berücksichtigung multipler Einflussfaktoren. Klassische Excel-Prognosen basieren oft auf einem einzelnen Parameter, wie Zeit. Die Entwicklung von Geschäftskennzahlen wird jedoch von zahlreichen Faktoren beeinflusst. Der Umsatz hängt nicht nur vom Monat ab, sondern auch von Markttrends, Wettbewerbsaktionen, Preisänderungen und vielem mehr. Diese Komplexität lässt sich mit einfachen Trendlinien nicht abbilden.

Die mangelnde Berücksichtigung von Wechselwirkungen stellt eine dritte Hürde dar. In der Realität beeinflussen sich verschiedene Faktoren gegenseitig. Eine Preiserhöhung könnte die Wirkung von Marketingkampagnen verändern. Wirtschaftliche Faktoren könnten die Reaktion der Kunden auf Produktinnovationen beeinflussen. Traditionelle Excel-Prognosen behandeln diese Faktoren isoliert, ohne ihre Interdependenzen zu erfassen.

Einmal arbeitete ich mit einem Produktionsunternehmen, das seine Materialkosten prognostizieren wollte. Die einfache Trendanalyse übersah völlig die Wechselwirkung zwischen Rohstoffpreisen und Lieferantenverträgen. Als die Rohstoffpreise stiegen, griffen gestaffelte Preisklauseln in den Verträgen, was zu einem sprunghaften Anstieg der Kosten führte, den unser Modell nicht vorhergesehen hatte.

Auch die Annahme statischer Bedingungen ist problematisch. Excel-Standardprognosen projizieren Vergangenheitsdaten in die Zukunft, als würden sich die grundlegenden Bedingungen nicht ändern. In der Realität befinden wir uns in einer ständig wandelnden Geschäftswelt. Neue Technologien, Markteintritte von Wettbewerbern oder regulatorische Änderungen können die Spielregeln komplett verändern und historische Daten weniger relevant machen.

Ebenso herausfordernd ist die Schwierigkeit bei der Integration qualitativer Faktoren. Nicht alles lässt sich in Zahlen fassen. Kundenstimmungen, Markttrends oder das Aufkommen disruptiver Technologien sind qualitative Faktoren, die traditionelle Excel-Prognosen nicht berücksichtigen können, obwohl sie entscheidenden Einfluss auf zukünftige Entwicklungen haben können.

Die gängigen Prognosemethoden in Excel bieten zudem begrenzte Möglichkeiten zur Quantifizierung von Unsicherheit. Sie liefern punktgenaue Schätzungen ohne klare Angaben zur Verlässlichkeit oder möglichen Streuung dieser Prognosen. In einer Welt voller Unwägbarkeiten ist es jedoch entscheidend zu wissen, wie sicher oder unsicher eine Vorhersage ist.

Zu diesen methodischen Grenzen kommen praktische Herausforderungen. Die manuelle Erstellung komplexerer Prognosemodelle in Excel ist zeitaufwändig und fehleranfällig. Die Implementierung fortgeschrittener statistischer Methoden erfordert tiefes Fachwissen, das nicht allen Excel-Anwendern zur Verfügung steht. Dies führt oft zu einem unbefriedigenden Kompromiss: Entweder man nutzt übermäßig vereinfachte Modelle oder investiert unverhältnismäßig viel Zeit in komplexe Konstruktionen.

Die Folgen dieser Limitationen sind real und kostspielig:

- **Fehlallokation von Ressourcen:** Ungenaue Prognosen führen zu ineffizienter Ressourcenverteilung, sei es bei Personal, Kapital oder anderen Unternehmensressourcen.
- **Verpasste Chancen:** Ohne die Fähigkeit, Marktveränderungen vorherzusehen, verpassen Unternehmen potenzielle Geschäftsmöglichkeiten.
- **Unzureichende Risikovorsorge:** Traditionelle Prognosen unterschätzen oft Extremereignisse oder Marktumschwünge, was zu unzureichender Vorbereitung auf Krisen führt.
- **Entscheidungsunsicherheit:** Wenn Führungskräfte den Prognosen nicht vertrauen, können wichtige Entscheidungen verzögert oder auf Basis von Bauchgefühl statt Daten getroffen werden.

Ich erinnere mich an eine Besprechung, in der ein Finanzvorstand angesichts unserer einfachen Excel-Prognose fragte: "Wie sollen wir basierend auf diesen Zahlen eine Millionenentscheidung treffen?" Diese Frage brachte das Dilemma auf den Punkt. Wir benötigen Prognosen, die robust genug sind, um als verlässliche Entscheidungsgrundlage zu dienen.

Die gute Nachricht ist, dass wir diese Grenzen überwinden können, ohne Excel aufgeben zu müssen. Der Schlüssel liegt nicht darin, zu komplexeren Spezialsoftwarelösungen zu wechseln, sondern das vertraute Excel mit neuen Fähigkeiten zu erweitern. Genau hier kommt Copilot ins Spiel.

Bevor wir jedoch in die Lösungen eintauchen, ist es wichtig zu betonen, dass das Erkennen dieser Grenzen kein Grund zur Entmutigung sein sollte. Im Gegenteil, es ist der erste Schritt zur Verbesserung. Indem Sie die Limitationen Ihrer aktuellen Prognosemethoden verstehen, legen Sie das Fundament für signifikante Verbesserungen.

Eine ehrliche Bestandsaufnahme Ihrer eigenen Excel-Prognosen sollte folgende Fragen umfassen:

1. **Komplexitätsanalyse:** Welche wichtigen Einflussfaktoren werden in Ihren aktuellen Prognosemodellen nicht berücksichtigt?
2. **Dynamikbewertung:** Wie gut erfassen Ihre Modelle nicht-lineare Beziehungen und Wechselwirkungen zwischen verschiedenen Faktoren?
3. **Unsicherheitsquantifizierung:** Bieten Ihre Prognosen Informationen über ihre eigene Verlässlichkeit?
4. **Zeitaufwand:** Wie viel Zeit investieren Sie in die manuelle Erstellung und Aktualisierung von Prognosemodellen?
5. **Vertrauensprüfung:** Wie oft werden Ihre Prognosen in Entscheidungsprozessen ernsthaft berücksichtigt und wie oft ignoriert?

Die Antworten auf diese Fragen werden Ihnen helfen, die spezifischen Bereiche zu identifizieren, in denen Ihre Excel-Prognosen verbessert werden können.

Im nächsten Abschnitt werde ich Ihnen zeigen, wie Microsoft Copilot diese traditionellen Grenzen überwinden kann, indem es die Vertrautheit und Flexibilität von Excel mit der Leistungsfähigkeit künstlicher Intelligenz kombiniert. Sie werden lernen, wie Sie komplexere Beziehungen modellieren, multiple Einflussfaktoren berücksichtigen und Unsicherheit quantifizieren können, ohne zum Datenexperten werden zu müssen.

Die Excel-Revolution, die wir mit Copilot anstoßen, zielt nicht darauf ab, alles was Sie bisher getan haben, zu ersetzen. Vielmehr geht es darum, Ihre vorhandenen Fähigkeiten zu erweitern und zu verstärken. Es ist, als würden wir Ihrem vertrauten Werkzeug neue Superkräfte verleihen, die es Ihnen ermöglichen, Herausforderungen zu meistern, die bisher außerhalb Ihrer Reichweite lagen.

Der Weg von vagen Schätzungen zur Prognoseklarheit beginnt mit dem Erkennen der Grenzen. Und genau diesen wichtigen ersten Schritt haben Sie bereits unternommen. Sie sind jetzt bereit, in die spannende Welt der Copilot-gestützten prädiktiven Modellierung einzutauchen.

DAS POTENZIAL VON COPILOT FÜR IHRE STRATEGISCHE PLANUNG ENTFESSELN

Im Zentrum meines Büros steht ein Whiteboard, das ich vor wenigen Monaten mit einer Zeichnung versehen habe: ein einfaches Excel-Tabellenblatt, daneben eine stilisierte KI-Figur, verbunden durch einen Blitz. Diese simple Visualisierung erinnert mich täglich daran, was für eine transformative Kraft die Integration von Microsoft Copilot in unsere vertrauten Excel-Workflows bedeutet. Wenn Sie sich je gefragt haben, ob es einen Weg gibt, Excel-Prognosen zu revolutionieren, ohne auf komplexe Statistiksoftware umsteigen zu müssen, so ist die Antwort ein klares Ja.

Microsoft Copilot repräsentiert einen Paradigmenwechsel für Excel-Nutzer. Als ich Copilot zum ersten Mal in meine Arbeit integrierte, war ich zunächst skeptisch. Konnte ein KI-Assistent wirklich den Mehrwert bieten, den meine komplexen Planungsaufgaben erforderten? Diese Skepsis wich rasch einer Begeisterung, als ich das volle Potenzial dieser Technologie zu verstehen begann.

Im Kern ist Copilot ein KI-gestützter Assistent, der nahtlos in die Microsoft 365-Umgebung, einschließlich Excel, integriert ist. Er kann natürliche Sprache verstehen, komplexe Datenanalysen durchführen und personalisierte Empfehlungen geben. Doch was bedeutet das konkret für Ihre strategische Planung und Prognosearbeit?

Stellen Sie sich vor, Sie könnten mit Ihren Daten in Excel "sprechen" und ihnen präzise Fragen stellen. Genau diese Fähigkeit bringt Copilot in Ihre Tabellenkalkulationen. Diese Interaktion eröffnet völlig neue Dimensionen für die strategische Planung, die weit über die traditionellen Grenzen von Excel hinausgehen.

Die erste transformative Fähigkeit von Copilot liegt in der Datenexploration und Mustererkennung. Während traditionelle Excel-Funktionen auf vorprogrammierte Algorithmen beschränkt sind, kann Copilot durch seine fortschrittlichen KI-Fähigkeiten komplexe Muster und Beziehungen in Ihren Daten erkennen, die sonst verborgen bleiben würden.

Bei einem Projekt für einen Elektronikfachhändler bat ich Copilot, Verkaufsdaten zu analysieren und versteckte Muster zu identifizieren. Während unser bisheriges Modell lediglich saisonale Schwankungen betrachtete, erkannte Copilot eine unerwartete Korrelation zwischen Verkaufszahlen bestimmter Produktkategorien und lokalen Schulferien. Diese Erkenntnis führte zu einer Neuausrichtung der Marketingstrategie und einer spürbaren Verbesserung der Prognosegenauigkeit.

Copilot ermöglicht auch multivariable Analysen mit bemerkenswerter Einfachheit. Traditionelle Excel-Prognosen beschränken sich oft auf einen oder wenige Faktoren. Mit Copilot können Sie mühelos zahlreiche potenzielle Einflussfaktoren in Ihre Modelle einbeziehen und deren Wechselwirkungen untersuchen, ohne komplexe Formeln oder Makros erstellen zu müssen.

Ein besonders wertvoller Aspekt ist die Fähigkeit von Copilot, nicht-lineare Beziehungen zu modellieren. Die meisten Geschäftsbeziehungen sind nicht linear, und doch bleiben wir in Excel oft bei linearen Modellen, weil die Alternative zu komplex erscheint. Copilot kann verschiedene Arten von Beziehungen (exponentiell, logarithmisch, polynomial) analysieren und die am besten geeignete für Ihre spezifischen Daten vorschlagen.

Im Controlling eines Fertigungsunternehmens half Copilot uns, die nicht-lineare Beziehung zwischen Produktionsvolumen und Stückkosten zu modellieren. Unser bisheriges lineares Modell hatte die Kosteneinsparungen bei steigenden Produktionsmengen systematisch unterschätzt. Das neue Modell ermöglichte präzisere Kalkulationen und bessere Preisgestaltungsentscheidungen.

Die Integration qualitativer Faktoren stellt eine weitere revolutionäre Dimension dar. Während Excel traditionell auf quantitative Daten beschränkt ist, kann Copilot qualitative Informationen berücksichtigen und in Ihre Prognosen einfließen lassen. Sie können Copilot bitten, Marktberichte, Kundenfeedback oder Branchentrends zu analysieren und deren Auswirkungen auf Ihre Prognosen zu bewerten.

Copilot bietet auch fortgeschrittene Szenarienanalysen mit minimalem Aufwand. Sie können verschiedene Zukunftsszenarien spielerisch erkunden, indem Sie Copilot anweisen, die Auswirkungen verschiedener Annahmen und Parameter zu simulieren. Diese Fähigkeit erweitert Ihren strategischen Horizont und verbessert Ihre Entscheidungsfindung in unsicheren Zeiten.

Ein Finanzplanungsteam, mit dem ich zusammenarbeitete, konnte mit Copilot innerhalb weniger Stunden über 20 verschiedene Szenarien für ihre Fünfjahresplanung durchspielen, eine Aufgabe, die zuvor mehrere Tage in Anspruch genommen hätte. Die Erkenntnisse aus dieser umfassenden Szenarienanalyse führten zu einer robusteren Strategie, die verschiedene Marktbedingungen berücksichtigte.

Die Quantifizierung von Unsicherheit ist ein weiterer Bereich, in dem Copilot traditionelle Excel-Methoden übertrifft. Anstatt nur Punktprognosen zu liefern, kann Copilot Konfidenzintervalle und Wahrscheinlichkeitsverteilungen generieren, die Ihnen ein besseres Verständnis der Verlässlichkeit Ihrer Prognosen vermitteln.

Die automatische Dokumentation und Erklärbarkeit von Modellen gehört zu den oft unterschätzten Vorteilen von Copilot. Excel-Modelle können komplex und für Kollegen schwer nachvollziehbar werden. Copilot kann Ihre Modelle und Annahmen in klarer, natürlicher Sprache dokumentieren und erklären, was die Transparenz und Akzeptanz Ihrer Prognosen im Unternehmen erhöht.

Die konkrete Umsetzung dieser Potenziale erfordert einen strukturierten Ansatz. Hier sind die wesentlichen Schritte, um das volle Potenzial von Copilot für Ihre strategische Planung zu entfesseln:

1. **Ziele klar definieren:** Beginnen Sie mit präzisen Fragestellungen.

   - Was genau möchten Sie vorhersagen?
   - Welche strategischen Entscheidungen sollen auf Basis dieser Prognosen getroffen werden?
   - Welcher Zeithorizont ist relevant?

2. **Daten vorbereiten:** Strukturieren Sie Ihre Excel-Daten für optimale Copilot-Interaktion.

   - Organisieren Sie Daten in klaren, konsistenten Tabellen
   - Stellen Sie sicher, dass Spaltenüberschriften aussagekräftig sind
   - Bereinigen Sie Ihre Daten von Ausreißern und Inkonsistenzen

3. **Effektive Prompts formulieren:** Lernen Sie, wie Sie Copilot präzise Anweisungen geben.

   - Beginnen Sie mit einfachen, klar formulierten Fragen
   - Verfeinern Sie Ihre Prompts basierend auf den erhaltenen Antworten
   - Nutzen Sie domänenspezifische Begriffe für präzisere Ergebnisse

4. **Iterativ arbeiten:** Entwickeln Sie Ihre Modelle schrittweise.

- Starten Sie mit einfachen Modellen und erhöhen Sie graduell die Komplexität
- Validieren Sie Zwischenergebnisse regelmäßig
- Integrieren Sie Feedback und neue Erkenntnisse kontinuierlich

5. **Ergebnisse validieren:** Prüfen Sie die Plausibilität und Genauigkeit der Prognosen.

- Vergleichen Sie mit historischen Daten, wo möglich
- Nutzen Sie Ihr Domänenwissen zur Plausibilitätsprüfung
- Testen Sie Extreme und Grenzfälle

Diese schrittweise Herangehensweise bildet das Fundament für den Rest dieses Buches und wird in den kommenden Kapiteln detailliert erläutert.

Die Integration von Copilot in Ihre Excel-basierte strategische Planung bringt zahlreiche geschäftliche Vorteile mit sich. Meine Klienten berichten regelmäßig von:

- **Zeitersparnis:** Reduzierung der für Modellierung und Szenarienanalyse benötigten Zeit um 40-60%
- **Verbesserte Prognosegenauigkeit:** Durchschnittliche Steigerung der Genauigkeit um 15-25%
- **Erweiterter Analysehorizont:** Fähigkeit, mehr Variablen und komplexere Beziehungen zu berücksichtigen
- **Demokratisierung der Prognosemodellierung:** Befähigung von mehr Teammitgliedern zur Erstellung robuster Prognosen
- **Bessere Entscheidungsfindung:** Fundierte Entscheidungen auf Basis umfassenderer und genauerer Informationen

Ein mittelständisches Unternehmen, das ich beriet, konnte durch den Einsatz von Copilot in ihrer Preisoptimierung einen Margengewinn von 3,2% erzielen, was direkt der verbesserten

Prognosefähigkeit für Marktreaktionen auf Preisänderungen zuzuschreiben war.

Natürlich gibt es auch Herausforderungen bei der Implementierung von Copilot für strategische Planungszwecke. Zu den häufigsten gehören:

- **Lernkurve:** Die effektive Nutzung von Copilot erfordert eine anfängliche Einarbeitungszeit
- **Prompt-Optimierung:** Die Formulierung effektiver Anweisungen ist eine Fertigkeit, die entwickelt werden muss
- **Vertrauen aufbauen:** Stakeholder müssen Vertrauen in KI-unterstützte Prognosen entwickeln
- **Datenqualität:** Wie bei allen Analysetools gilt: "Garbage in, garbage out"

Diese Herausforderungen sind jedoch überwindbar, und dieses Buch wird Ihnen konkrete Strategien an die Hand geben, um sie zu meistern.

Die tiefer liegende Bedeutung von Copilot für Excel liegt in der Demokratisierung fortschrittlicher Prognosemodellierung. Was früher spezialisierten Datenanalysten oder teuren Beratungsunternehmen vorbehalten war, wird nun für jeden Excel-Nutzer zugänglich. Diese Demokratisierung hat das Potenzial, Entscheidungsfindungsprozesse in Organisationen grundlegend zu verändern, indem sie mehr Personen befähigt, datengestützte Erkenntnisse zu generieren.

Ich sehe Copilot nicht als Ersatz für menschliches Urteilsvermögen, sondern als kraftvollen Verstärker. Die Kombination aus Ihrem Domänenwissen und Copilots analytischen Fähigkeiten schafft eine Synergie, die weit über die Summe ihrer Teile hinausgeht. In den kommenden Kapiteln werden wir erkunden, wie Sie diese Synergie optimal nutzen können.

Als ich vor kurzem mein Whiteboard mit der Excel-KI-Zeichnung erneuerte, fügte ich einen dritten Element hinzu: eine menschliche Figur. Denn letztendlich geht es nicht nur um Excel und Copilot, sondern um die Menschen, die diese Werkzeuge nutzen, um bessere, fundiertere Entscheidungen zu treffen. Genau diese Verbindung zwischen Mensch, Tabellenkalkulation und künstlicher Intelligenz werden wir in diesem Buch erforschen und nutzen.

Ihr Fahrplan zur Prädiktiven Meisterschaft: Den Weg zur Fundierten Entscheidung Ebnen

Die Transformation Visualisieren: Von Unsicherheit zu Zuversichtlicher Vorausschau

Der erste Tag, an dem ich meine Verkaufsprognose mit einem erweiterten Modell anstatt nur mit einer einfachen Trendlinie präsentierte, bleibt mir unvergesslich. Die Atmosphäre im Besprechungsraum veränderte sich spürbar. Skeptische Blicke wichen einem echten Interesse, als ich nicht nur sagte, was wir erwarten könnten, sondern auch warum. Diese Erfahrung markierte den Beginn meiner eigenen Transformationsreise von vagen Schätzungen zur datengestützten Zuversicht.

Bevor wir uns in die technischen Details stürzen, möchte ich Ihnen dabei helfen, die Transformation zu visualisieren, die vor Ihnen liegt. Die Reise von der Unsicherheit zur zuversichtlichen Vorausschau ist nicht nur eine methodische Veränderung, sondern ein fundamentaler Wandel in der Art, wie Sie geschäftliche Entscheidungen treffen und kommunizieren.

Stellen wir uns eine Landkarte vor, die Ihren Weg zur prädiktiven Meisterschaft abbildet. Am Anfang stehen Sie an einem Punkt, den ich als "Nebel der Unsicherheit" bezeichne. Hier basieren Prognosen auf einfachen Extrapolationen oder Bauchgefühl. Das Ziel ist ein Ort, den ich "Hochebene der fundierten Entscheidungen" nenne, wo Sie verschiedene mögliche Zukünfte klar erkennen und bewerten können. Der Weg dazwischen führt durch mehrere Stationen, die ich gleich näher beschreiben werde.

Diese Visualisierung ist mehr als eine Metapher. In meiner Beratungstätigkeit habe ich beobachtet, dass Teams, die ihren Transformationsprozess bewusst visualisieren, deutlich erfolgreicher sind. Ein Supply-Chain-Manager, mit dem ich zusammenarbeitete, zeichnete tatsächlich eine solche Karte und hängte sie in seinem Büro auf. Sie diente als konstante Erinnerung und Motivator für das Team.

Die erste Station auf Ihrer Reise ist der "Erkenntnishorizont". Hier öffnen Sie Ihren Blick für die Vielzahl von Faktoren, die Ihre wichtigsten Kennzahlen beeinflussen. Statt nur historische Trends zu betrachten, beginnen Sie, Beziehungen und Muster zu erkennen. Dies ist der Moment, in dem Sie anfangen, Fragen zu stellen wie:

- Welche externen Faktoren könnten unsere Verkaufszahlen tatsächlich beeinflussen?
- Gibt es saisonale Muster, die wir bisher übersehen haben?
- Wie wirken sich Änderungen in einem Bereich auf andere Bereiche aus?

Die zweite Station nenne ich das "Tal der Datenaufbereitung". Hier organisieren und strukturieren Sie Ihre Daten so, dass sie für tiefere Analysen zugänglich werden. Dieser Teil der Reise kann manchmal mühsam erscheinen, ist aber entscheidend für den Erfolg. Eine gut strukturierte Datenbasis ermöglicht es Copilot, sein volles Potenzial zu entfalten.

Ein Finanzcontroller, den ich betreute, verbrachte anfangs nur einen Tag mit der Neustrukturierung seiner Umsatzdaten nach Produktkategorien, Regionen und Kundentypen. Diese vergleichsweise kleine Investition zahlte sich in den folgenden Monaten vielfach aus, da jede Analyse und Prognose nun wesentlich differenzierter und aussagekräftiger wurde.

Die dritte Station ist der "Experimentierwald". Hier beginnen Sie, mit verschiedenen Modellansätzen zu experimentieren und zu lernen, wie Sie Copilot gezielt anleiten können. Dies ist eine kreative Phase, in der Neugier und Offenheit für neue Ansätze wichtiger sind als Perfektion. Sie werden verschiedene Prompts und Analyseansätze ausprobieren und aus den Ergebnissen lernen.

Mein eigener Weg durch diesen "Experimentierwald" war geprägt von Überraschungen. Bei der Analyse von Mitarbeiterfluktuationen hatte ich mit bestimmten Einflussfaktoren gerechnet, doch Copilot identifizierte Zusammenhänge, die ich völlig übersehen hatte, wie den Einfluss der Teamgröße auf die Fluktuation. Diese Entdeckungen machten die Experimentierphase besonders wertvoll.

Als nächstes erreichen Sie die "Brücke der Validierung". Hier überprüfen Sie Ihre Modelle kritisch und stellen sicher, dass sie nicht nur statistisch interessant, sondern auch praktisch relevant sind. Sie lernen, wie Sie Prognosen auf Plausibilität prüfen und Ihre Modelle kontinuierlich verbessern können.

Die fünfte Station ist das "Panorama der Szenarien". Von diesem Punkt aus können Sie verschiedene mögliche Zukünfte erkunden und verstehen, wie unterschiedliche Faktoren das Ergebnis beeinflussen könnten. Dies ist der Moment, in dem Ihre Prognosen von eindimensionalen Vorhersagen zu reichhaltigen Szenarien werden, die unterschiedliche Möglichkeiten aufzeigen.

Eine Produktmanagerin nutzte diesen Ansatz, um die Markteinführung eines neuen Produkts zu planen. Statt einer einzelnen Umsatzprognose erstellte sie mit Copilot mehrere Szenarien basierend auf verschiedenen Wettbewerbsreaktionen und Marktbedingungen. Diese differenzierte Betrachtung führte zu einer viel robusteren Einführungsstrategie, die verschiedene Eventualitäten berücksichtigte.

Die letzte Station vor Ihrem Ziel ist der "Gipfel der strategischen Einsichten". Hier übersetzen Sie Ihre Modelle und Szenarien in konkrete Handlungsempfehlungen und strategische Entscheidungen. Dies ist der Punkt, an dem aus Daten Wissen wird und aus Wissen Weisheit entsteht.

Diese Reiseroute verdeutlicht, dass der Weg zur prädiktiven Meisterschaft kein plötzlicher Sprung ist, sondern eine schrittweise

Transformation. Jede Station baut auf den Erkenntnissen der vorherigen auf und entwickelt Ihre Fähigkeiten systematisch weiter.

Wie bei jeder Reise gibt es auch typische Herausforderungen, auf die Sie vorbereitet sein sollten:

1. **Die Datensumpfgebiete:** Manchmal werden Sie mit unvollständigen oder widersprüchlichen Daten konfrontiert. Hier gilt es, pragmatische Lösungen zu finden, ohne den Fortschritt zu blockieren.

2. **Der Berg der Komplexität:** Es besteht die Versuchung, zu viele Faktoren gleichzeitig einzubeziehen und sich in Komplexität zu verlieren. Die Kunst liegt darin, das richtige Maß an Komplexität zu finden.

3. **Die Schlucht der Skepsis:** Sie werden möglicherweise auf Kollegen treffen, die neuen Prognoseansätzen skeptisch gegenüberstehen. Geduld und konkrete Erfolgsbeispiele helfen, diese Hürde zu überwinden.

4. **Die Nebelfelder der Überanpassung:** Ein zu eng an historische Daten angepasstes Modell kann zukünftige Entwicklungen falsch einschätzen. Lernen Sie, dieses Risiko zu erkennen und zu minimieren.

Die gute Nachricht ist, dass Sie diese Reise nicht allein antreten müssen. Mit Copilot haben Sie einen intelligenten Begleiter an Ihrer Seite, der Sie bei jedem Schritt unterstützt. Und mit diesem Buch haben Sie eine detaillierte Reisekarte, die Ihnen hilft, den optimalen Weg zu finden.

Der Wandel von Unsicherheit zu zuversichtlicher Vorausschau manifestiert sich auch in der Art, wie Sie kommunizieren. Am Anfang Ihrer Reise könnten Aussagen wie diese typisch sein: "Basierend auf unserem bisherigen Wachstum erwarten wir im nächsten Quartal etwa 5% Umsatzsteigerung." Nach Ihrer

Transformation klingt es vielleicht so: "Unser Modell zeigt, dass bei aktuellen Marktbedingungen und den geplanten Marketingaktivitäten eine Umsatzsteigerung von 4,2% bis 6,8% im nächsten Quartal wahrscheinlich ist, wobei die Saisonalität und die letzten Produkteinführungen die Haupttreiber sind."

Bemerken Sie den Unterschied? Die zweite Aussage bietet nicht nur präzisere Informationen, sondern auch Kontext und Begründung. Sie vermittelt ein tieferes Verständnis der Situation und eine größere Zuversicht in die Vorhersage. Sie ist auch realistischer, da sie eine Bandbreite angibt statt einer einzelnen Zahl.

Ein Marketingleiter erzählte mir, wie sich die Wahrnehmung seiner Abteilung im Unternehmen veränderte, nachdem er begann, seine Budgetanforderungen mit solch differenzierten Prognosen zu untermauern. Von einem "Kostenfaktor" wurde Marketing zunehmend als strategischer Partner wahrgenommen, dessen Investitionen messbare Auswirkungen haben.

Die Visualisierung Ihrer Transformation hilft Ihnen nicht nur, den Weg zu verstehen, sondern auch, Fortschritte zu erkennen und zu feiern. Ich rate meinen Klienten oft, ihren Ausgangspunkt genau zu dokumentieren, um später den zurückgelegten Weg würdigen zu können.

Ein CFO beschrieb mir, wie er die alten Prognoseblätter seines Teams aufbewahrte, um sie mit den neuen, Copilot-unterstützten Modellen zu vergleichen. Dies diente nicht nur als Beweis für die methodische Verbesserung, sondern auch als motivierendes Element für das Team, das seinen eigenen Fortschritt sehen konnte.

Der Weg zur zuversichtlichen Vorausschau ist auch ein Weg zu größerer beruflicher Anerkennung. Fachleute, die fundierte, datengestützte Prognosen liefern können, werden zunehmend als wertvolle strategische Partner wahrgenommen. Sie bringen nicht nur Zahlen, sondern Einsichten, die das Unternehmen voranbringen.

Diese Transformation ist besonders relevant in Zeiten wirtschaftlicher Unsicherheit. Wenn Märkte volatil sind und traditionelle Muster an Vorhersagekraft verlieren, werden differenzierte, multivariate Prognosemodelle noch wertvoller. Sie helfen Unternehmen, sich in unbekanntem Terrain zu orientieren und flexibel auf verschiedene Entwicklungen zu reagieren.

So wie ein Kapitän bei Nebel auf präzisere Navigationsinstrumente angewiesen ist, so sind Unternehmen in volatilen Zeiten auf fortschrittlichere Prognosemethoden angewiesen. Mit den Werkzeugen und Methoden, die Sie in diesem Buch kennenlernen werden, können Sie diese präziseren Instrumente bereitstellen und Ihr Unternehmen sicherer durch unsichere Gewässer navigieren.

Die Reise, die vor Ihnen liegt, ist eine der wertvollsten Investitionen in Ihre berufliche Entwicklung. Sie werden nicht nur technische Fähigkeiten erwerben, sondern auch Ihre analytische Denkweise verfeinern und Ihre strategische Perspektive erweitern. Das Ziel ist nicht nur bessere Prognosen, sondern bessere Entscheidungen und letztendlich bessere Geschäftsergebnisse.

DIE COPILOT-SYNERGIE: EXCEL UND KI FÜR BESSERE PROGNOSEN NUTZEN

Die Magie entfaltet sich in den Zwischenräumen. In meiner langjährigen Karriere habe ich festgestellt, dass die größten Durchbrüche nicht innerhalb isolierter Tools oder Methoden stattfinden, sondern genau dort, wo verschiedene Technologien aufeinandertreffen und sich gegenseitig verstärken. Genau diese Synergie erleben wir jetzt zwischen Excel und Copilot, eine Verbindung, die mehr ist als die Summe ihrer Teile.

Excel ist seit Jahrzehnten das Schweizer Taschenmesser der Geschäftswelt. Mit seinen leistungsstarken Funktionen zur Datenorganisation, -analyse und -visualisierung bleibt es das meistgenutzte Werkzeug für Prognosezwecke in deutschen Unternehmen. Die Vertrautheit und Flexibilität von Excel macht es zum idealen Ausgangspunkt für prädiktive Modellierung. Doch trotz seiner Stärken stößt Excel ohne zusätzliche Unterstützung bei komplexeren Prognoseaufgaben an seine Grenzen.

Copilot bringt als KI-gestützter Assistent eine völlig neue Dimension in die Excel-Umgebung. Er versteht natürliche Sprache, kann komplexe Datenmuster erkennen und verfügt über fortschrittliche analytische Fähigkeiten. Während Excel die strukturierte Umgebung für Ihre Daten bietet, fügt Copilot die intuitive Interaktion und tiefgreifende Analysefähigkeiten hinzu, die traditionelle Excel-Methoden erweitern.

Die Synergie zwischen diesen beiden Technologien schafft einen einzigartigen Mehrwert für Ihre Prognosearbeit. Ich bezeichne diesen Mehrwert als die "Copilot-Synergie" oder das "CS-Prinzip". Dieses Prinzip basiert auf der Erkenntnis, dass die Kombination von Excel und Copilot mehr ermöglicht als jedes Tool für sich allein erreichen könnte.

In einem Projekt für einen mittelständischen Automobilzulieferer konnte ich dieses Prinzip eindrucksvoll beobachten. Das Unternehmen hatte jahrelang mit Excel-basierten Prognosemodellen für Rohstoffpreise gearbeitet. Trotz komplexer Formeln und regelmäßiger Aktualisierungen blieb die Genauigkeit unbefriedigend. Mit der Integration von Copilot gelang es dem Team innerhalb weniger Wochen, verborgene Einflussfaktoren zu identifizieren und die Prognosefehler um mehr als 20% zu reduzieren.

Die Kernelemente der Copilot-Synergie lassen sich in vier grundlegenden Komponenten zusammenfassen:

1. Übersetzung von Geschäftsfragen in Datenanalysen:

- Excel bietet die strukturierte Datengrundlage
- Copilot interpretiert Ihre geschäftlichen Fragestellungen
- Gemeinsam ermöglichen sie eine nahtlose Übersetzung von Geschäftsfragen in konkrete Analysen

2. Mustererkennung über große Datenmengen:

- Excel organisiert und visualisiert Ihre Daten
- Copilot identifiziert komplexe, nicht-lineare Muster
- Die Kombination ermöglicht tiefere Einblicke als manuelle Analysen

3. Iterative Modellverfeinerung durch Dialog:

- Excel speichert und verarbeitet Modellannahmen und Ergebnisse
- Copilot ermöglicht einen dialogbasierten Verfeinerungsprozess
- Zusammen beschleunigen sie die Modelloptimierung erheblich

4. Intuitive Vermittlung komplexer Ergebnisse:

- Excel visualisiert Modellergebnisse
- Copilot erklärt diese in natürlicher Sprache
- Die Synergie macht komplexe Prognosen für alle Stakeholder verständlich

Diese vier Komponenten bilden zusammen das Fundament für leistungsstarke prädiktive Modelle, die gleichzeitig benutzerfreundlich und analytisch robust sind.

Die Stärke der Copilot-Synergie zeigt sich besonders deutlich, wenn wir betrachten, wie sie typische Herausforderungen bei der Prognoseerstellung adressiert. Ein klassisches Problem ist die sogenannte "Dimensionalitätsfalle", bei der zu viele potenzielle Einflussfaktoren die Modellierung überkomplizieren. Excel allein bietet hier wenig Hilfestellung bei der Auswahl relevanter Variablen. Mit Copilot können Sie dieses Problem elegant lösen, indem Sie den Assistenten bitten, die wichtigsten Treiber zu identifizieren und deren relative Bedeutung zu quantifizieren.

Mit dieser Kombination gewinnen Sie als Anwender eine neue Form der Autonomie. Sie sind nicht mehr auf vorgefertigte statistische Pakete oder spezialisierte Datenwissenschaftler angewiesen, um aussagekräftige Prognosemodelle zu erstellen. Die Copilot-Synergie demokratisiert den Zugang zu prädiktiver Analytik, indem sie hochwertige Modellierung innerhalb einer vertrauten Umgebung ermöglicht.

Praktische Beispiele für diese Synergie finden sich in zahlreichen Anwendungsfällen:

- **Vertriebsprognosen:** Die Integration saisonaler Muster, Wettbewerbsaktivitäten und Makrotrends
- **Kostenvorhersagen:** Die Modellierung von Wechselwirkungen zwischen verschiedenen Kostenfaktoren
- **Bestandsoptimierung:** Die Berücksichtigung von Lieferzeiten, Nachfrageschwankungen und Lagerkosten
- **Personalplanung:** Die Analyse von Fluktuationsmustern, Auslastungsspitzen und Qualifikationsanforderungen

Ein Finanzcontroller eines Online-Händlers beschrieb mir die Transformation seiner Arbeit durch die Copilot-Synergie wie folgt: "Früher habe ich Tage damit verbracht, einzelne Korrelationen in unseren Verkaufsdaten zu suchen. Heute bitte ich Copilot, mir zu zeigen, welche Faktoren unseren Umsatz am stärksten beeinflussen, erhalte binnen Minuten eine fundierte Analyse und kann diese direkt in meinem Excel-Modell umsetzen. Das hat meine Prognosefähigkeit revolutioniert."

Die effektive Nutzung der Copilot-Synergie folgt einem klaren Prozess, den ich als VIES-Modell bezeichne:

1. Vorbereiten:

- Strukturieren Sie Ihre Excel-Daten für optimale Copilot-Interaktion
- Formulieren Sie klare Geschäftsfragen
- Definieren Sie Erfolgskriterien für Ihre Prognose

2. Interagieren:

- Führen Sie einen zielgerichteten Dialog mit Copilot
- Stellen Sie präzise Fragen zu Datenzusammenhängen
- Bitten Sie um Erklärungen zu identifizierten Mustern

3. Erweitern:

- Integrieren Sie Copilots Erkenntnisse in Ihr Excel-Modell
- Kombinieren Sie KI-gestützte Analyse mit Ihrem Domänenwissen
- Bauen Sie schrittweise komplexere Modelle auf

4. Simulieren:

- Nutzen Sie die kombinierte Kraft von Excel und Copilot für Szenarioanalysen
- Testen Sie verschiedene Annahmen und Parameter
- Entwickeln Sie robuste Prognosen für verschiedene Zukunftsszenarien

Der Schlüssel zum Erfolg mit der Copilot-Synergie liegt in der Balance zwischen strukturierter Excel-Modellierung und kreativer KI-Interaktion. Diese Balance zu finden erfordert Übung, doch die Investition lohnt sich durch deutlich verbesserte Prognosefähigkeiten.

Die Geschwindigkeit der Modellentwicklung verändert sich mit der Copilot-Synergie dramatisch. Ein typischer Entwicklungszyklus für ein prädiktives Modell mittlerer Komplexität konnte in meiner Erfahrung von 2-3 Wochen auf 2-3 Tage reduziert werden. Diese

Beschleunigung ermöglicht nicht nur Zeitersparnis, sondern auch eine grundlegend andere Herangehensweise an die Prognosemodellierung: statt eines einzelnen, sorgfältig entwickelten Modells können Sie nun mehrere Ansätze parallel erkunden und vergleichen.

Eine Marketing-Analystin eines B2B-Unternehmens nutzte diesen Ansatz, um verschiedene Attribuierungsmodelle für Marketingkanäle zu entwickeln und zu vergleichen. Innerhalb einer Woche konnte sie fünf unterschiedliche Modellvarianten erstellen und testen, was ihr ein viel differenzierteres Verständnis der Wirksamkeit verschiedener Marketingmaßnahmen ermöglichte.

Die Verbindung von Excel und Copilot schafft auch neue Möglichkeiten für die kollaborative Modellierung. Traditionelle Excel-Modelle waren oft "Black Boxes", deren Logik nur für ihre Ersteller vollständig verständlich war. Mit Copilot können Sie die Annahmen und Beziehungen in Ihren Modellen in natürlicher Sprache dokumentieren und erklären lassen, was die Transparenz und Akzeptanz Ihrer Prognosen im Team erhöht.

Die Synergie manifestiert sich auch in der verbesserten Fehlerresistenz. Copilot kann potenzielle Inkonsistenzen in Ihren Excel-Modellen identifizieren und Vorschläge zur Korrektur machen. Diese präventive Qualitätskontrolle reduziert das Risiko von Fehlentscheidungen aufgrund fehlerhafter Modelle erheblich.

Im Verlauf dieses Buches werden wir die verschiedenen Facetten der Copilot-Synergie Schritt für Schritt erkunden und praktisch umsetzen. Sie werden lernen, wie Sie dieses Prinzip in Ihrem spezifischen Kontext anwenden können, um bessere, fundiertere Prognosen zu erstellen und strategische Entscheidungen auf eine solidere Basis zu stellen.

Die Reise zur prädiktiven Meisterschaft, die wir gemeinsam antreten, nutzt die komplementären Stärken von Excel und Copilot, um Ihre Prognosefähigkeiten auf ein neues Niveau zu heben. In den folgenden Kapiteln werden wir dieses Fundament nutzen, um konkrete, praxisnahe Modelle zu entwickeln, die Ihnen helfen, Unsicherheit in strategischen Vorteil zu verwandeln.

1. Das Fundament Legen: Prädiktives Denken und Copilot in Excel Aktivieren

Meine erste Begegnung mit wirklich prädiktiver Modellierung war eine Offenbarung. Nach Jahren der Arbeit mit einfachen Trendlinien in Excel hatte ich ein Modell entwickelt, das plötzlich mehrere Faktoren berücksichtigte und mir zeigte, wie sie zusammenwirkten. Die Erkenntnis traf mich wie ein Blitz: Ich hatte nicht nur ein besseres Prognosewerkzeug geschaffen, sondern eine völlig neue Perspektive auf unsere Geschäftsdaten gewonnen. Diese Transformation ist genau das, was ich Ihnen in diesem Kapitel ermöglichen möchte.

Prädiktives Denken ist mehr als eine Technik. Es repräsentiert einen fundamentalen Wandel in der Art, wie wir Daten betrachten und zukünftige Entwicklungen antizipieren. Anstatt einfach Trends zu verlängern, beginnen wir, die zugrundeliegenden Mechanismen zu verstehen, die diese Trends erzeugen. Mit der Integration von Microsoft Copilot in Excel haben wir nun ein leistungsstarkes Werkzeug zur Verfügung, das diesen Denkansatz unterstützt und uns hilft, ihn in praktische, wertvolle Prognosemodelle umzusetzen.

Die Reise, die vor Ihnen liegt, beginnt mit dem Aufbau eines soliden Fundaments. Wie bei jedem Bauwerk bestimmt die Qualität des Fundaments maßgeblich die Stabilität und Zuverlässigkeit der gesamten Struktur. In diesem Kapitel werden wir zwei zentrale Säulen dieses Fundaments errichten: ein vertieftes Verständnis prädiktiven Denkens und die praktische Einrichtung von Copilot als Ihren analytischen Assistenten in Excel.

Viele Excel-Anwender bleiben in einem reaktiven Denkmuster gefangen. Sie analysieren vergangene Daten, erkennen Muster und projizieren diese in die Zukunft. Diese Herangehensweise funktioniert in stabilen, linearen Umgebungen, scheitert jedoch oft in dynamischen, von multiplen Faktoren beeinflussten Geschäftsrealitäten. Prädiktives Denken hingegen ist proaktiv und kausal orientiert. Es fragt nicht nur "Was ist passiert?", sondern "Warum ist es passiert?" und "Welche Faktoren werden zukünftige Entwicklungen beeinflussen?".

In meiner Beratungstätigkeit erlebte ich diese Transformation bei einem Produktionsleiter, der jahrelang seine Produktionsplanung auf linearen Prognosen aufbaute. Als wir begannen, Faktoren wie Rohstoffpreisschwankungen, Lieferantenkapazitäten und saisonale Nachfragemuster in ein prädiktives Modell zu integrieren, veränderte sich sein gesamter Planungsansatz. Plötzlich konnte er potenzielle Engpässe Monate im Voraus identifizieren und proaktiv gegensteuern.

Der Weg zu diesem neuen Denkansatz beginnt mit dem Erkennen und Hinterfragen der eigenen impliziten Annahmen. Jede Prognose basiert auf Annahmen, doch oft bleiben diese unausgesprochen und ungeprüft. Im ersten Teil dieses Kapitels werden wir lernen, diese verborgenen Annahmen in Ihren aktuellen Excel-Modellen aufzudecken und sie kritisch zu evaluieren. Dieser Prozess allein kann bereits signifikante Verbesserungen in Ihrer Prognosefähigkeit bewirken.

Der zweite Schritt führt uns zur Anwendung prädiktiver Logik in Excel. Sie werden lernen, wie Sie vom linearen zum multivariaten Denken übergehen können, indem Sie Ursache-Wirkungs-Beziehungen identifizieren und modellieren. Dies ist der konzeptuelle Sprung, der Ihre Prognosen von einfachen Trendfortschreibungen zu robusten, kausalen Modellen transformiert.

Mit diesem neuen Denkrahmen ausgestattet, widmen wir uns dann der praktischen Integration von Copilot in Ihre Excel-Umgebung. Copilot ist nicht nur ein Tool, sondern ein Partner in Ihrem analytischen Prozess. Seine Fähigkeit, natürliche Sprache zu verstehen und komplexe Datenanalysen durchzuführen, macht ihn zu einem idealen Assistenten für prädiktive Modellierung.

Sie werden zunächst lernen, wie Sie Copilot aktivieren und konfigurieren, um optimale Unterstützung für Ihre spezifischen Analysebedürfnisse zu erhalten. Diese technische Einrichtung ist wichtig, aber ebenso entscheidend ist das Verständnis, wie Sie mit Copilot kommunizieren können, um die besten Ergebnisse zu erzielen. Wir werden gemeinsam die Kunst effektiver Prompts erkunden, die klare, relevante Antworten und Analysen generieren.

Der letzte Teil dieses Kapitels konzentriert sich auf die Vorbereitung Ihrer Excel-Daten für eine optimale Interaktion mit Copilot. Die Qualität der Ergebnisse, die Sie von Copilot erhalten, hängt maßgeblich von der Struktur und Organisation Ihrer Daten ab. Sie werden praktische Techniken kennenlernen, um Ihre Daten so zu strukturieren, dass Copilot ihr volles Potenzial entfalten kann.

Während dieses Kapitels werden wir auf folgende Schlüsselfragen eingehen:

- Welche impliziten Annahmen beeinflussen aktuell meine Prognosemodelle?
- Wie kann ich Ursache-Wirkungs-Beziehungen in meinen Daten identifizieren?
- Welche Schritte sind notwendig, um Copilot effektiv in Excel zu aktivieren?
- Wie formuliere ich präzise Anweisungen, um von Copilot relevante Analysen zu erhalten?
- Wie strukturiere ich meine Daten für eine optimale Copilot-Interaktion?

Die praktischen Fähigkeiten, die Sie in diesem Kapitel erwerben, bilden die Grundlage für alle weiteren Schritte in diesem Buch. Sie sind wie das Erlernen eines neuen Alphabets, das Ihnen ermöglicht, eine völlig neue Sprache der prädiktiven Analytik zu sprechen.

Durch die Kombination von konzeptuellem Verständnis und praktischer Anwendung werden Sie ein fundiertes Fundament aufbauen, auf dem Sie zunehmend komplexere prädiktive Modelle errichten können. Diese Dualität aus Theorie und Praxis ist entscheidend für nachhaltigen Erfolg. Zu oft habe ich gesehen, wie Anwender entweder in theoretischen Konzepten stecken bleiben oder Tools ohne tieferes Verständnis nutzen, was unweigerlich zu suboptimalen Ergebnissen führt.

Der Aufbau dieses Fundaments erfolgt in vier logischen Schritten:

1. **Erkennen verborgener Annahmen:**

   - Identifizieren impliziter Voraussetzungen in aktuellen Modellen
   - Evaluation der Gültigkeit dieser Annahmen
   - Dokumentation kritischer Annahmen für zukünftige Modelle

2. **Anwendung prädiktiver Logik:**

   - Umstellung von korrelativen auf kausale Denkmodelle
   - Identifikation potenzieller Einflussfaktoren
   - Strukturierung von Ursache-Wirkungs-Beziehungen

3. **Copilot-Aktivierung und Konfiguration:**

   - Technische Einrichtung von Copilot in Excel
   - Anpassung der Einstellungen für analytische Aufgaben
   - Erstellung eines personalisierten Arbeitsbereichs

4. **Datenoptimierung für Copilot:**

- Strukturierung von Tabellen für maximale Analysierbarkeit
- Bereinigung und Standardisierung von Datenformaten
- Organisation von Daten für kontextuelle Relevanz

Ein Finanzanalyst eines Telekommunikationsunternehmens beschrieb mir seine Erfahrung mit diesem Prozess folgendermaßen: "Der Übergang vom linearen zum prädiktiven Denken war zunächst herausfordernd. Ich musste meine gewohnten Denkmuster in Frage stellen. Doch als Copilot mir half, die Zusammenhänge zwischen Kundenakquisitionskosten, Kundenbindungsraten und Umsatzentwicklung zu visualisieren, eröffnete sich eine völlig neue Perspektive. Plötzlich konnte ich nicht nur vorhersagen, was passieren würde, sondern auch verstehen, warum."

Die mentale Umstellung auf prädiktives Denken gleicht dem Wechsel von einer zweidimensionalen zu einer dreidimensionalen Betrachtung Ihrer Geschäftswelt. Sie sehen nicht nur Muster, sondern auch die Tiefe und Dynamik, die diese Muster erzeugen. Diese erweiterte Perspektive führt zu robusteren Prognosen und letztendlich zu besseren Entscheidungen.

Während wir durch dieses Kapitel navigieren, möchte ich Sie ermutigen, geduldig mit sich selbst zu sein. Die Integration eines neuen Denkansatzes und eines neuen Tools erfordert Zeit und Übung. Behandeln Sie diesen Prozess als eine Entdeckungsreise, auf der jeder Schritt Sie näher an das Ziel überlegener prädiktiver Fähigkeiten bringt.

Die Verbindung von prädiktivem Denken und Copilot-unterstützter Analyse in Excel schafft eine Synergie, die mehr ist als die Summe ihrer Teile. Sie ermöglicht einen Quantensprung in Ihrer Fähigkeit, zukünftige Entwicklungen zu antizipieren und zu beeinflussen. In diesem Kapitel legen wir das Fundament für diese transformative Kombination.

1.1 Den Mindset-Wandel Vollziehen: Von Trends zu Ursache-Wirkungs-Beziehungen

1.1.1 Versteckte Annahmen in Aktuellen Prognosen Identifizieren

"Der blinde Fleck in unseren Prognosen kostete das Unternehmen fast eine Million Euro." Diese Worte eines Finanzvorstands haben sich in mein Gedächtnis eingebrannt. Das Team hatte eine detaillierte Excel-Umsatzprognose erstellt, doch eine einzige unausgesprochene Annahme, dass ein Schlüsselkunde seinen Vertrag verlängern würde, brachte das gesamte Modell zum Einsturz. Solche versteckten Annahmen lauern in praktisch jeder Prognose, die wir erstellen, und ihre Identifizierung ist der erste entscheidende Schritt auf dem Weg zur prädiktiven Meisterschaft.

Jedes Prognosemodell in Excel, egal wie komplex oder einfach, basiert auf Annahmen. Das Problem liegt nicht darin, dass wir Annahmen treffen, sondern dass viele dieser Annahmen unbewusst, ungeprüft und undokumentiert bleiben. Sie werden zur unsichtbaren Architektur unserer Modelle und damit zu möglichen Schwachstellen. Meine Erfahrung hat gezeigt, dass die leistungsstärksten Prognostiker nicht unbedingt diejenigen sind, die die komplexesten Modelle bauen, sondern jene, die ein tiefes Verständnis ihrer eigenen Annahmen entwickeln.

Die Macht versteckter Annahmen wurde mir während eines Projekts für einen Automobilzulieferer besonders deutlich. Das Controlling-Team nutzte seit Jahren ein scheinbar solides Umsatzprognosemodell in Excel. Bei näherer Betrachtung entdeckten wir jedoch, dass das Modell stillschweigend von einer konstanten Wachstumsrate des Automobilmarktes ausging, eine Annahme, die angesichts der Elektromobilität und veränderter Konsummuster nicht mehr haltbar war. Die Offenlegung dieser versteckten Annahme führte zu einer grundlegenden Überarbeitung des Modells und deutlich präziseren Prognosen.

Versteckte Annahmen kommen in verschiedenen Formen vor, und ihre Erkennung erfordert einen systematischen Ansatz. In meiner Beratungspraxis habe ich eine Taxonomie entwickelt, die Ihnen helfen kann, die häufigsten Arten versteckter Annahmen in Ihren Excel-Prognosen zu identifizieren:

1. **Kontinuitätsannahmen:**

   - Die implizite Vorstellung, dass bisherige Trends sich unverändert fortsetzen
   - Die Annahme, dass bestehende Beziehungen zwischen Variablen stabil bleiben
   - Die Erwartung, dass saisonale Muster sich in gleicher Form wiederholen werden

2. **Kausalitätsannahmen:**

   - Die Vermutung, dass Korrelation auch Kausalität bedeutet
   - Die Annahme, dass ein bestimmter Faktor der Haupttreiber einer Veränderung ist
   - Die Vorstellung, dass beobachtete Zusammenhänge universell und nicht kontextabhängig sind

3. **Umgebungsannahmen:**

   - Die Annahme stabiler wirtschaftlicher oder marktbezogener Rahmenbedingungen
   - Die Erwartung gleichbleibender Wettbewerbslandschaften
   - Die Vorstellung unveränderter regulatorischer Anforderungen

4. **Datenbezogene Annahmen:**

   - Die ungeprüfte Überzeugung, dass historische Daten repräsentativ für die Zukunft sind

- Die Annahme, dass Daten frei von systematischen Fehlern oder Verzerrungen sind
- Die Vorstellung, dass Ausreißer in Daten irrelevant sind oder eliminiert werden sollten

5. **Methodische Annahmen:**

   - Die implizite Wahl einer bestimmten mathematischen Funktion (linear, exponentiell, etc.)
   - Die Annahme, dass komplexere Modelle automatisch bessere Ergebnisse liefern
   - Die Vorstellung, dass ein einziges Modell alle relevanten Aspekte erfassen kann

Die Identifizierung dieser verborgenen Annahmen beginnt mit einem systematischen Hinterfragungsprozess. Während meiner Karriere habe ich einen strukturierten Ansatz entwickelt, den ich als "Annahmen-Archäologie" bezeichne. Dieser Prozess hilft Ihnen, die versteckten Grundlagen Ihrer aktuellen Excel-Prognosen freizulegen:

1. **Oberflächliche Untersuchung:**

   - Überprüfen Sie die expliziten Formeln in Ihren Excel-Modellen
   - Untersuchen Sie die Struktur Ihrer Datenreihen
   - Identifizieren Sie offensichtliche Trends und Muster

2. **Tiefere Grabung:**

   - Hinterfragen Sie, warum bestimmte Variablen ein- oder ausgeschlossen wurden
   - Analysieren Sie, welche historischen Zeiträume als Basis verwendet werden
   - Prüfen Sie, welche mathematischen Funktionen zur Modellierung genutzt werden

3. **Kontextuelle Analyse:**

- Betrachten Sie den breiteren geschäftlichen Kontext der Prognose
- Reflektieren Sie, welche externen Faktoren möglicherweise nicht berücksichtigt wurden
- Überlegen Sie, welche zukünftigen Veränderungen das Modell nicht antizipiert

4. **Kritische Reflexion:**

- Hinterfragen Sie Ihre eigenen impliziten Überzeugungen über den Prognoseprozess
- Identifizieren Sie mögliche kognitive Verzerrungen in Ihrem Ansatz
- Erwägen Sie alternative Erklärungen für beobachtete Muster

Ein Finanzplaner, mit dem ich zusammenarbeitete, wandte diesen Prozess auf sein Umsatzprognosemodell an und entdeckte zu seiner Überraschung, dass er unbewusst annahm, dass Marketingausgaben und Umsatz in einer linearen Beziehung standen. Nach einer kritischen Überprüfung dieser Annahme mit historischen Daten wurde klar, dass die Beziehung eher einer logarithmischen Kurve folgte, mit abnehmenden Renditen bei höheren Ausgaben. Diese Erkenntnis führte zu einer wesentlich präziseren Budgetallokation.

Die systematische Dokumentation Ihrer identifizierten Annahmen bildet einen entscheidenden Schritt zur Verbesserung Ihrer Prognosemodelle. Ich empfehle, in jedem Excel-Modell ein spezielles Tabellenblatt für "Modellannahmen" einzurichten, das folgende Elemente enthält:

- Eine klare Beschreibung jeder identifizierten Annahme
- Eine Bewertung der Konfidenz in diese Annahme (hoch, mittel, niedrig)
- Mögliche Bedingungen, unter denen die Annahme ungültig werden könnte

- Potenzielle Auswirkungen auf die Prognose, falls die Annahme nicht zutrifft
- Indikatoren oder Signale, die überwacht werden sollten, um die Gültigkeit der Annahme zu überprüfen

Diese Dokumentation dient nicht nur der Transparenz, sondern schafft auch die Grundlage für eine kontinuierliche Verbesserung Ihrer Prognosemodelle. Sie ermöglicht es Ihnen, aus vergangenen Fehlern zu lernen und Ihre Annahmen im Laufe der Zeit zu verfeinern.

Die Integration von Copilot in diesen Prozess eröffnet neue Möglichkeiten zur Identifizierung versteckter Annahmen. Mit den richtigen Prompts kann Copilot Ihnen helfen, Ihre Excel-Modelle aus verschiedenen Perspektiven zu betrachten und mögliche Blindstellen aufzudecken. Hier sind einige effektive Prompts, die ich regelmäßig verwende:

- "Analysiere die impliziten Annahmen in meinem Excel-Forecast-Modell für [Kennzahl]."
- "Welche externen Faktoren könnten meine Prognose beeinflussen, die ich möglicherweise nicht berücksichtigt habe?"
- "Identifiziere potenzielle Nichtlinearitäten in den Beziehungen zwischen meinen Variablen."
- "Welche alternativen Erklärungen könnte es für die beobachteten Trends in meinen Daten geben?"

Ein Produktionsleiter nutzte diesen Ansatz für seine Bestandsprognose und war überrascht, als Copilot eine versteckte Annahme in seinem Modell identifizierte: Die Prognose ging implizit davon aus, dass Lieferantenkapazitäten unbegrenzt skalierbar waren. Diese Erkenntnis führte zu einer vollständigen Neubewertung der Lieferkettenstrategie und der Implementierung eines robusteren Prognosemodells.

Der Prozess der Annahmenidentifikation sollte nicht als einmalige Übung, sondern als kontinuierliche Praxis betrachtet werden. Mit jedem Prognosezyklus haben Sie die Gelegenheit, Ihre Annahmen zu überprüfen, zu validieren und zu verfeinern. Diese iterative Herangehensweise bildet das Herzstück des prädiktiven Denkens.

Eine besonders wirksame Methode zur Validierung von Annahmen ist die retrospektive Analyse. Nach Ablauf des Prognosezeitraums vergleichen Sie nicht nur die prognostizierten mit den tatsächlichen Werten, sondern untersuchen systematisch, welche Annahmen zutreffend waren und welche nicht. Diese Erkenntnisse fließen dann in die nächste Prognosegeneration ein.

Ein Controller eines Technologieunternehmens führte diese Praxis ein und dokumentierte systematisch die "Post-Mortem"-Analysen seiner Prognosen. Nach einem Jahr konnte er nachweisen, dass diese Methode die Prognosegenauigkeit um 18% verbessert hatte, ein signifikanter Wert, der direkt zur besseren Ressourcenallokation im Unternehmen beitrug.

Die Identifizierung versteckter Annahmen erfordert auch eine gewisse kognitive Flexibilität und Offenheit. Unsere mentalen Modelle und Überzeugungen können uns blind machen für alternative Erklärungen oder Zusammenhänge. Ich empfehle daher, regelmäßig externe Perspektiven einzuholen, sei es von Kollegen, Fachexperten oder durch gezielte Copilot-Prompts, die alternative Sichtweisen generieren.

Ein Marketing-Analyst folgte diesem Rat und lud regelmäßig Kollegen aus Vertrieb und Produktentwicklung ein, seine Prognosemodelle kritisch zu betrachten. Dieser Prozess deckte mehrere implizite Annahmen auf, die auf seinem spezifischen Marketingwissen basierten, aber nicht die Realitäten des Vertriebs oder der Produktentwicklung berücksichtigten. Die Integration dieser zusätzlichen Perspektiven führte zu einem ganzheitlicheren und präziseren Prognosemodell.

Die Bewusstmachung versteckter Annahmen ist nicht nur ein analytischer, sondern auch ein psychologischer Prozess. Er erfordert die Bereitschaft, die eigenen mentalen Modelle in Frage zu stellen und eine gewisse Demut angesichts der inhärenten Unsicherheit der Zukunft. Diese Haltung bildet die Grundlage für den breiteren Mindset-Wandel hin zum prädiktiven Denken, den wir in den nächsten Abschnitten vertiefen werden.

Die Reise zur Identifizierung versteckter Annahmen mag zunächst verunsichernd wirken, da sie scheinbare Gewissheiten in Frage stellt. Doch genau diese kritische Reflexion schafft das Fundament für robustere, realitätsnähere Prognosemodelle. In meiner eigenen Praxis habe ich erlebt, wie dieser Prozess nicht nur die Qualität der Prognosen verbessert, sondern auch das Vertrauen in die Modelle stärkt, da ihre Grenzen und Bedingungen nun klar artikuliert sind.

Die ehrliche Auseinandersetzung mit den Annahmen unserer Modelle erweitert unseren Blick für die Komplexität der Geschäftswelt und schärft unser Urteilsvermögen. Sie ist der erste Schritt auf dem Weg vom einfachen Trend-Fortschreiber zum reflektierten prädiktiven Denker, der die Zukunft nicht nur passiv projiziert, sondern aktiv verschiedene Möglichkeiten antizipiert und bewertet.

1.1.2 DIE GRUNDLAGEN PRÄDIKTIVER LOGIK FÜR EXCEL ANWENDEN

Mein Aha-Moment kam während einer Budgetplanung für ein Vertriebsteam. Jahrelang hatte ich lineare Trendfortschreibungen genutzt, bis ein kluger Kollege fragte: "Aber warum steigen die Verkaufszahlen eigentlich?" Diese simple Frage veränderte meine gesamte Herangehensweise an Excel-Prognosen. Ich begann zu verstehen, dass hinter jedem Trend kausale Mechanismen stecken, die wir identifizieren und modellieren können. Dieser Perspektivwechsel bildet das Herzstück prädiktiver Logik in Excel.

Prädiktive Logik unterscheidet sich fundamental von der einfachen Trendfortschreibung. Während letztere vergangene Muster in die Zukunft projiziert, ohne die Ursachen zu hinterfragen, konzentriert sich prädiktive Logik auf die kausalen Beziehungen, die diese Muster erzeugen. Sie fragt nicht nur "Was wird passieren?", sondern vor allem "Warum wird es passieren?". Diese Verschiebung mag subtil erscheinen, hat jedoch tiefgreifende Auswirkungen auf die Qualität und Zuverlässigkeit Ihrer Prognosen.

Die Anwendung prädiktiver Logik in Excel beginnt mit einem mentalen Umdenken. Anstatt Ihre Daten als eindimensionale Zeitreihen zu betrachten, müssen Sie sie als Manifestationen komplexer Ursache-Wirkungs-Netzwerke sehen. Jede Veränderung in Ihren Kennzahlen hat Gründe, und diese Gründe können systematisch identifiziert und modelliert werden.

Ein Vertriebsleiter eines Softwareunternehmens, mit dem ich zusammenarbeitete, sah seine Verkaufszahlen als direkte Funktion der Anzahl seiner Vertriebsmitarbeiter. Diese vereinfachte Sichtweise führte zu chronischen Fehlprognosen. Als wir einen prädiktiven Ansatz einführten, erkannten wir, dass die Verkaufszahlen tatsächlich von mehreren interagierenden Faktoren abhingen: Vertriebspersonalgröße, durchschnittliche Erfahrung des Teams, saisonale Nachfragemuster und Produkteinführungszyklen. Diese multivariate Perspektive ermöglichte deutlich genauere Prognosen.

Die Grundprinzipien prädiktiver Logik lassen sich in einem Rahmenwerk zusammenfassen, das ich als "KAIME" bezeichne:

1. **Kausalität identifizieren:**

   - Unterscheiden Sie zwischen Korrelation und Kausalität
   - Suchen Sie nach direkten und indirekten Ursachen

- Überprüfen Sie kausale Hypothesen durch gezielte Analysen

2. **Abhängigkeiten modellieren:**

- Bestimmen Sie die Art der Beziehungen (linear, exponentiell, logistisch)
- Berücksichtigen Sie Wechselwirkungen zwischen Einflussfaktoren
- Quantifizieren Sie die Stärke der Beziehungen

3. **Interventionen berücksichtigen:**

- Unterscheiden Sie zwischen Basis-Szenarien und aktiven Eingriffen
- Modellieren Sie die Auswirkungen spezifischer Maßnahmen
- Berücksichtigen Sie Zeitverzögerungen zwischen Aktion und Reaktion

4. **Mehrere Zeitrahmen einbeziehen:**

- Berücksichtigen Sie kurz-, mittel- und langfristige Effekte
- Modellieren Sie unterschiedliche Wirkungszeiträume verschiedener Faktoren
- Beachten Sie potenzielle Veränderungen in Beziehungen über die Zeit

5. **Externe Faktoren einbeziehen:**

- Integrieren Sie Markt- und Umweltbedingungen in Ihre Modelle
- Berücksichtigen Sie externe Einflüsse, die nicht direkt steuerbar sind
- Modellieren Sie, wie interne und externe Faktoren interagieren

Die praktische Umsetzung dieser Prinzipien in Excel erfordert einen strukturierten Ansatz. Beginnen Sie mit der Erstellung eines konzeptionellen Modells, das Ihre Hypothesen über kausale

Beziehungen visualisiert. Dies kann so einfach sein wie ein handgezeichnetes Flussdiagramm oder eine Mind-Map, die die vermuteten Beziehungen zwischen Variablen darstellt.

Ein Finanzplaner nutzte diesen Ansatz, um die Umsatzentwicklung eines Einzelhandelsunternehmens zu modellieren. Anstatt einfach den Trend fortzuschreiben, skizzierte er ein kausales Diagramm, das zeigte, wie Marketingausgaben, Preisaktionen, Saisonalität und Wettbewerbsaktivitäten zusammenwirkten, um den Umsatz zu beeinflussen. Dieses konzeptionelle Modell wurde dann in eine Excel-Tabelle übersetzt, die diese Beziehungen quantifizierte.

Der nächste Schritt besteht darin, Ihre Daten so zu organisieren, dass sie kausale Analysen unterstützen. Die meisten Excel-Tabellen sind entweder nach Zeit oder nach Kategorien strukturiert, was für einfache Trendanalysen ausreicht. Für prädiktive Modellierung benötigen Sie jedoch eine mehrdimensionale Organisation, die sowohl Ziel- als auch Einflussvariablen über Zeit und andere relevante Dimensionen erfasst.

Die Einrichtung eines "Daten-Hubs" in Excel bildet das Fundament für Ihre prädiktive Modellierung. Dieser Hub sollte alle relevanten Variablen in einem konsistenten Format enthalten, idealerweise in einer Tabelle, die leicht gefiltert und analysiert werden kann. Jede Zeile repräsentiert einen Zeitpunkt oder eine Einheit (wie einen Verkaufsbezirk), während die Spalten sowohl die Zielvariable (was Sie vorhersagen möchten) als auch potenzielle Einflussfaktoren enthalten.

Nach der Datenorganisation beginnt die eigentliche Analyse kausaler Beziehungen. Excel bietet verschiedene Werkzeuge, die diesen Prozess unterstützen:

1. **Streudiagramme:**

   - Visualisieren Sie Beziehungen zwischen Variablen
   - Identifizieren Sie potenzielle nicht-lineare Muster
   - Erkennen Sie Ausreißer und Cluster

2. Korrelationsanalyse:

- Nutzen Sie die KORREL-Funktion für paarweise Beziehungen
- Erstellen Sie Korrelationsmatrizen für multiple Faktoren
- Identifizieren Sie die stärksten statistischen Zusammenhänge

3. Regressionsanalyse:

- Verwenden Sie das Analyse-ToolPak für einfache Regressionen
- Quantifizieren Sie die Stärke und Richtung von Beziehungen
- Bestimmen Sie die statistische Signifikanz von Zusammenhängen

4. Pivot-Tabellen:

- Aggregieren Sie Daten entlang verschiedener Dimensionen
- Identifizieren Sie bedingte Muster und Segmentunterschiede
- Erkennen Sie Interaktionseffekte zwischen Variablen

Ein Controller eines Fertigungsunternehmens nutzte diesen Ansatz, um die Produktionskosten zu modellieren. Durch eine Kombination aus Streudiagrammen und Pivot-Tabellen identifizierte er nicht nur lineare Beziehungen zwischen Produktionsvolumen und Kosten, sondern auch Schwelleneffekte: Ab bestimmten Produktionsmengen veränderten sich die Kostenstrukturen aufgrund von Skaleneffekten und Kapazitätsgrenzen signifikant. Diese Erkenntnis führte zu einem deutlich präziseren Kostenprognosemodell.

Die Integration von Zeitverzögerungen stellt eine besondere Herausforderung in der prädiktiven Modellierung dar. Viele kausale Beziehungen manifestieren sich nicht sofort, sondern entfalten ihre Wirkung über Zeit. In Excel können Sie diesen Aspekt durch die Verwendung von zeitversetzten Variablen modellieren. Erstellen Sie neue Spalten, die vergangene Werte von Einflussvariablen repräsentieren, und untersuchen Sie deren Beziehung zu aktuellen Werten Ihrer Zielvariable.

Ein Marketinganalyst entdeckte durch diesen Ansatz, dass Werbeausgaben ihre maximale Wirkung auf den Umsatz nicht im selben Monat, sondern mit einer Verzögerung von zwei bis drei Monaten entfalteten. Diese Erkenntnis veränderte grundlegend die Budgetplanung und führte zu einer gleichmäßigeren Verteilung der Marketingausgaben über das Jahr.

Das Herzstück prädiktiver Logik ist die Modellierung von "Was-wäre-wenn"-Szenarien. In Excel können Sie dies durch Datentabellen und den Szenario-Manager umsetzen. Diese Werkzeuge ermöglichen es Ihnen, systematisch zu untersuchen, wie Veränderungen in Ihren Einflussfaktoren die Zielvariable beeinflussen würden. Diese Fähigkeit transformiert Ihre Excel-Tabelle von einem passiven Aufzeichnungsinstrument zu einem aktiven Entscheidungsunterstützungssystem.

Die wahre Stärke prädiktiver Modelle zeigt sich in ihrer Fähigkeit, die Auswirkungen potenzieller Interventionen zu simulieren. Ein Supply-Chain-Manager nutzte diesen Ansatz, um die Auswirkungen verschiedener Bestandsstrategien zu modellieren. Durch die Simulation verschiedener Bestellmengen und Bestellzeitpunkte konnte er die optimale Strategie identifizieren, die sowohl Lagerkosten minimierte als auch Lieferengpässe verhinderte.

Die Einbindung externer Faktoren in Ihre prädiktiven Modelle erweitert deren Reichweite und Genauigkeit erheblich. Externe Daten wie Wirtschaftsindikatoren, Wettbewerbsaktivitäten oder demografische Trends können wichtige Einflussfaktoren für Ihre Zielvariablen sein. In Excel können Sie diese Daten importieren und in Ihre kausalen Modelle integrieren, um ein umfassenderes Bild der Einflussfaktoren zu erhalten.

Ein Finanzanalyst eines Konsumgüterunternehmens integrierte saisonale Wetterdaten in sein Umsatzprognosemodell für Getränke. Er entdeckte, dass die Kombination aus Temperatur und Niederschlag ein besserer Prädiktor für Getränkeverkäufe war als jeder interne Faktor. Diese Erkenntnis führte zu einer deutlich verbesserten Produktions- und Bestandsplanung.

Die Kunst der prädiktiven Modellierung liegt in der Balance zwischen Komplexität und Nützlichkeit. Ein zu einfaches Modell wird wichtige kausale Beziehungen übersehen, während ein zu komplexes Modell schwer zu verstehen und zu warten ist. Der richtige Ansatz ist ein schrittweiser Aufbau, beginnend mit den stärksten und am besten verstandenen kausalen Beziehungen und dann schrittweise Erweiterung, wenn Sie mehr über Ihr System lernen.

Die Anwendung prädiktiver Logik in Excel ist keine einmalige Übung, sondern ein kontinuierlicher Lernprozess. Jede neue Datenperiode bietet die Gelegenheit, Ihre Hypothesen zu testen und Ihr Modell zu verfeinern. Diese iterative Natur prädiktiver Modellierung ist einer ihrer größten Stärken, da sie es Ihnen ermöglicht, Ihr Verständnis der kausalen Mechanismen hinter Ihren Geschäftskennzahlen kontinuierlich zu vertiefen.

Mit dem Aufkommen von Copilot wird dieser Prozess noch leistungsfähiger. Während die grundlegenden Prinzipien prädiktiver Logik unverändert bleiben, bietet Copilot neue Möglichkeiten, diese Prinzipien effektiver anzuwenden. Im nächsten Abschnitt werden wir erkunden, wie Sie Copilot aktivieren und konfigurieren können, um Ihre prädiktiven Modellierungsfähigkeiten zu verstärken.

1.2 Copilot als Analyse-Assistent: Die Ersten Schritte zur Effektiven Nutzung

1.2.1 Copilot für Datenanalyse in Excel Zielgerichtet Aktivieren

Die Spannung im Konferenzraum war förmlich greifbar, als ich Copilot zum ersten Mal live vor einem Führungsteam einsetzte. Mit wenigen natürlichsprachlichen Anweisungen transformierte sich unsere Excel-Tabelle voller Rohdaten in aussagekräftige Analysen. Ein Vorstandsmitglied lehnte sich zurück und sagte: "Das hätte unserem Team letzte Woche drei Tage Arbeit erspart." Dieser Moment verdeutlichte mir die revolutionäre Kraft, die in der gezielten Aktivierung von Copilot für Datenanalysen liegt.

Microsoft Copilot stellt eine fundamentale Erweiterung der Excel-Funktionalität dar, doch seine volle Leistungsfähigkeit erschließt sich nur durch seine präzise, zielgerichtete Aktivierung. Viele Nutzer unterschätzen, wie wichtig die korrekte Einrichtung und Konfiguration für den analytischen Erfolg ist. In diesem Abschnitt zeige ich Ihnen, wie Sie Copilot nicht nur technisch aktivieren, sondern ihn als Ihren persönlichen Datenanalyse-Assistenten etablieren.

Die Basis für jede erfolgreiche Copilot-Integration bildet zunächst die technische Aktivierung. Falls Sie Copilot noch nicht eingerichtet haben, folgen Sie diesen grundlegenden Schritten:

1. **Zugangsvoraussetzungen prüfen:**

    - Stellen Sie sicher, dass Sie eine Microsoft 365-Lizenz mit Copilot-Berechtigung besitzen
    - Überprüfen Sie, dass Ihre Excel-Version aktuell ist (mindestens Version 16.0.14326.10000)
    - Bestätigen Sie die Verfügbarkeit von Copilot in Ihrer Region

2. Technische Aktivierung durchführen:

- Melden Sie sich mit Ihrem Microsoft-Konto in Excel an
- Öffnen Sie die "Copilot"-Schaltfläche in der oberen Menüleiste
- Folgen Sie den Anweisungen zur Ersteinrichtung
- Akzeptieren Sie die erforderlichen Berechtigungen für Datenzugriff

3. Grundkonfiguration vornehmen:

- Passen Sie die Sprach- und Stileinstellungen an Ihre Präferenzen an
- Definieren Sie bevorzugte Datenquellen für Analysen
- Legen Sie fest, ob Copilot automatisch Vorschläge unterbreiten soll

Ein Finanzanalyst berichtete mir, wie er zunächst Copilot nur "nebenbei" aktivierte, ohne die Konfigurationsmöglichkeiten zu nutzen. Seine Ergebnisse blieben mittelmäßig, bis er die Grundeinstellungen an seine spezifischen Analysebedürfnisse anpasste. Der Unterschied in der Relevanz und Präzision der Analysen war bemerkenswert.

Nach der technischen Aktivierung folgt die analytische Ausrichtung von Copilot. Dies ist ein oft übersehener, aber entscheidender Schritt. Sie können Copilot "trainieren", sich auf Ihre spezifischen Analyseaufgaben zu konzentrieren, indem Sie ihm relevanten Kontext und klare analytische Präferenzen mitteilen. Dieser Prozess erfolgt nicht in einem separaten Konfigurationsmenü, sondern durch Ihre initialen Interaktionen.

Meine Erfahrung zeigt, dass eine "Orientierungssitzung" mit Copilot den Grundstein für eine produktive Zusammenarbeit legt. Öffnen Sie eine neue Excel-Datei und führen Sie folgende Schritte durch:

1. **Analytisches Profil definieren:**

   - Teilen Sie Copilot Ihre berufliche Rolle mit (z.B. "Ich bin Controller und arbeite mit Vertriebsdaten")
   - Beschreiben Sie Ihre typischen Analyseaufgaben (z.B. "Ich analysiere regelmäßig Umsatztrends nach Regionen")
   - Erläutern Sie bevorzugte Visualisierungsformen (z.B. "Ich bevorzuge Säulendiagramme für Vergleiche")

2. **Analytischen Stil festlegen:**

   - Definieren Sie Ihren bevorzugten Detailgrad (z.B. "Ich benötige detaillierte statistische Analysen")
   - Kommunizieren Sie Format-Präferenzen (z.B. "Zahlen sollten als Währung mit zwei Dezimalstellen formatiert sein")
   - Legen Sie Ihre Erwartungen an Erklärungen fest (z.B. "Bitte erkläre statistische Begriffe in einfacher Sprache")

Die Leistungsfähigkeit von Copilot für Datenanalysen entfaltet sich besonders in der Arbeit mit realen Datensätzen. Ich empfehle daher, die Aktivierung mit einer konkreten Datenanalyse-Übung abzuschließen. Wählen Sie einen überschaubaren, aber relevanten Datensatz aus Ihrem Arbeitsalltag und führen Sie eine erste explorative Analyse durch.

Ein Supply-Chain-Manager nutzte für diese Übung einen Bestandsdatensatz mit etwa 200 Zeilen. Die gezielte Interaktion mit Copilot anhand dieser realen Daten half ihm, die spezifischen Stärken und Grenzen des Tools in seinem Arbeitskontext zu verstehen. Diese praktische Erfahrung war wesentlich wertvoller als jedes Tutorial.

Nach dieser Grundaktivierung können Sie Copilot für spezifische analytische Aufgaben konfigurieren. Diese aufgabenspezifische

Ausrichtung maximiert die Relevanz und Präzision der Ergebnisse. Hier sind die häufigsten analytischen Anwendungsbereiche und wie Sie Copilot dafür optimieren:

1. **Deskriptive Analysen:**

   - Informieren Sie Copilot über relevante statistische Kennzahlen für Ihren Kontext
   - Definieren Sie typische Segmentierungskriterien (z.b. nach Produktkategorien, Kundengruppen)
   - Teilen Sie mit, welche Aspekte der Daten besonders wichtig sind

2. **Trendanalysen:**

   - Legen Sie relevante Zeitfenster fest (Quartale, Monate, Jahre)
   - Definieren Sie saisonale Muster, die berücksichtigt werden sollten
   - Klären Sie, ob absolute oder prozentuale Veränderungen wichtiger sind

3. **Korrelationsanalysen:**

   - Bestimmen Sie, welche Variablenpaare besonders interessant sind
   - Kommunizieren Sie Ihren bevorzugten Detaillierungsgrad statistischer Tests
   - Legen Sie fest, wie Ergebnisse visualisiert werden sollen

4. **Prädiktive Analysen:**

   - Definieren Sie typische Zielvariablen für Vorhersagen
   - Teilen Sie mit, welche Einflussfaktoren berücksichtigt werden sollten
   - Klären Sie den gewünschten Prognosehorizont (kurz-, mittel-, langfristig)

In meiner Arbeit mit einem Vertriebsteam stellten wir fest, dass bereits eine 15-minütige gezielte Konfiguration für Trendanalysen die Qualität und Relevanz der Copilot-Vorschläge dramatisch verbesserte. Die Investition dieser Zeit zahlte sich vielfach aus.

Die Integration von Copilot in Ihre bestehenden Excel-Workflows stellt einen weiteren wichtigen Aspekt der zielgerichteten Aktivierung dar. Anstatt Copilot als separate Funktion zu betrachten, sollten Sie ihn als natürliche Erweiterung Ihrer etablierten Arbeitsprozesse einrichten. Dies kann durch die Erstellung von "Analyse-Startpunkten" erfolgen.

Ich habe drei Arten von Analyse-Startpunkten entwickelt, die sich in meiner Praxis bewährt haben:

1. **Template-basierte Startpunkte:**

   - Erstellen Sie Excel-Vorlagen mit integrierter Copilot-Anleitung
   - Hinterlegen Sie Kommentarzellen mit spezifischen Copilot-Prompts
   - Definieren Sie klare Dateneingabebereiche und Analyseziele

2. **Prozessbasierte Startpunkte:**

   - Dokumentieren Sie typische Analysesequenzen als Schritt-für-Schritt-Anleitung
   - Integrieren Sie Copilot-Prompts an den relevanten Stellen des Prozesses
   - Erstellen Sie einen "Prompt-Katalog" für wiederkehrende Analyseaufgaben

3. **Fragebasierte Startpunkte:**

   - Formulieren Sie eine Liste der häufigsten geschäftlichen Fragestellungen
   - Übersetzen Sie diese in effektive Copilot-Prompts
   - Organisieren Sie diese Fragen nach Analysetypen oder Geschäftsbereichen

Eine Projekt-Controllerin berichtete mir, dass sie durch die Einrichtung eines template-basierten Startpunkts für ihre monatlichen Projektanalysen die Analysezeit um 70% reduzieren konnte. Der strukturierte Ansatz maximierte die Effektivität von Copilot in ihrem spezifischen Anwendungsfall.

Die Leistung von Copilot hängt maßgeblich von der Qualität Ihrer Datenzugriffsrechte ab. Für eine optimale Aktivierung sollten Sie sicherstellen, dass Copilot auf alle relevanten Datenquellen zugreifen kann, ohne Datenschutz- oder Sicherheitsrichtlinien zu verletzen. Prüfen Sie folgende Aspekte:

1. **Berechtigungseinstellungen:**

   - Überprüfen Sie die Zugriffsberechtigungen für verschiedene Datenquellen
   - Klären Sie etwaige Einschränkungen mit Ihrer IT-Abteilung
   - Dokumentieren Sie die Zugriffsebenen für verschiedene Datentypen

2. **Daten-Governance:**

   - Stellen Sie sicher, dass die Nutzung von Copilot mit Ihren Unternehmensrichtlinien konform ist
   - Definieren Sie klare Regeln für die Analyse sensibler Daten
   - Implementieren Sie gegebenenfalls Anonymisierungsschritte vor der Analyse

Die kontinuierliche Verbesserung Ihrer Copilot-Nutzung erfordert ein systematisches Feedback-System. Ich empfehle die Erstellung eines einfachen Feedback-Mechanismus, der die Qualität und Relevanz der Copilot-Analysen überwacht. Dies kann so einfach sein wie ein Tabellenblatt, in dem Sie besonders hilfreiche oder problematische Interaktionen dokumentieren.

Ein Data Analytics Team führte ein "Copilot-Tagebuch" ein, in dem jedes Teammitglied wöchentlich seine wertvollsten Erkenntnisse und Herausforderungen mit Copilot festhielt. Diese systematische Reflektion führte zur Identifikation optimaler Nutzungsmuster, die dann im gesamten Team geteilt wurden.

Die gezielte Aktivierung von Copilot für Datenanalyse in Excel ist kein einmaliger Prozess, sondern eine kontinuierliche Reise der Optimierung. Mit jedem Analyseprojekt werden Sie neue Möglichkeiten entdecken, Copilot effektiver in Ihre Arbeitsabläufe zu integrieren und seine analytischen Fähigkeiten zu nutzen. Im nächsten Abschnitt werden wir uns damit beschäftigen, wie Sie Ihre Excel-Daten optimal strukturieren können, um die Interaktion mit Copilot zu maximieren.

1.2.2 Ihre Excel-Daten für Optimale Copilot-Interaktion Vorbereiten

Die sorgfältige Vorbereitung eines Gartens entscheidet über die Qualität der Ernte. Genauso verhält es sich mit der Datenaufbereitung für Copilot. "Garbage in, garbage out" gilt für KI-gestützte Analysen sogar noch stärker als für traditionelle Excel-Funktionen. Diese Erkenntnis traf mich mit voller Wucht, als ich in einem meiner ersten Projekte mit Copilot trotz korrekter Prompts nur mittelmäßige Ergebnisse erhielt. Nach stundenlanger Fehlersuche stellte sich heraus: Das Problem lag nicht bei Copilot, sondern in der Struktur und Qualität meiner Daten.

Copilot liest und interpretiert Ihre Excel-Daten ähnlich wie ein menschlicher Analyst, nur viel schneller. Doch im Gegensatz zu Menschen kann Copilot weniger gut mit unstrukturierten, inkonsistenten oder mehrdeutigen Daten umgehen. Die Zeit, die Sie in die optimale Datenaufbereitung investieren, zahlt sich durch präzisere Analysen und bessere Prognosen vielfach aus.

Datenorganisation bildet das Fundament jeder erfolgreichen Copilot-Interaktion. In meiner Beratungspraxis habe ich ein

Framework entwickelt, das ich als "SKAR" bezeichne: Strukturierung, Kontextualisierung, Annotation und Reinigung. Diese vier Dimensionen bilden das Grundgerüst für eine optimale Datenaufbereitung.

Die erste und wichtigste Dimension ist die Strukturierung Ihrer Daten. Copilot arbeitet am effektivsten mit Daten, die in klar definierten Tabellen organisiert sind. Ein klassischer Fehler, den ich bei vielen Excel-Nutzern beobachte, ist die Vermischung von Daten, Berechnungen und Visualisierungen in einem einzigen Tabellenblatt. Diese Vorgehensweise mag für manuelle Analysen funktionieren, erschwert Copilot jedoch die korrekte Interpretation.

Meine Empfehlung für eine optimale Datenstrukturierung umfasst folgende Schritte:

1. **Trennung von Daten und Analyse:**

   - Erstellen Sie separate Tabellenblätter für Rohdaten, Berechnungen und Visualisierungen
   - Halten Sie Rohdaten frei von Formeln und berechneten Werten
   - Verwenden Sie eindeutige, aussagekräftige Namen für jedes Tabellenblatt

2. **Tabellenformat statt Bereichsformat:**

   - Formatieren Sie Daten als echte Excel-Tabellen (Tastenkombination: Strg+T)
   - Vergeben Sie aussagekräftige Tabellennamen statt der Standardbezeichnungen
   - Nutzen Sie die automatische Erweiterungsfunktion von Tabellen bei neuen Daten

3. **Konsistente Spaltenstruktur:**

   - Jede Spalte sollte genau einen Datentyp enthalten
   - Verwenden Sie präzise, eindeutige Spaltenüberschriften

- Vermeiden Sie zusammengeführte Zellen und leere Spalten

Ein Produktmanager berichtete mir, wie er durch die simple Umwandlung seiner Verkaufsdaten von einem unformatierten Bereich in eine formatierte Excel-Tabelle die Qualität der Copilot-Analysen dramatisch verbesserte. Diese kleine Änderung ermöglichte es Copilot, die Datenstruktur besser zu verstehen und präzisere Muster zu erkennen.

Die zweite Dimension, Kontextualisierung, ist besonders wichtig für prädiktive Analysen. Copilot benötigt Kontext, um die Bedeutung und Relevanz von Daten korrekt zu interpretieren. Die bloße Präsentation von Zahlen ohne ausreichenden Kontext führt oft zu oberflächlichen oder fehlgeleiteten Analysen.

Für eine effektive Kontextualisierung empfehle ich:

1. **Metadaten integrieren:**

   - Fügen Sie ein Informationsblatt mit Beschreibungen zu Datenquellen, Zeiträumen und Definitionen hinzu
   - Dokumentieren Sie wichtige Ereignisse oder Änderungen, die die Daten beeinflussen könnten
   - Erläutern Sie geschäftsspezifische Begriffe oder ungewöhnliche Kennzahlen

2. **Zeitliche Einordnung sicherstellen:**

   - Verwenden Sie konsistente Datums- und Zeitformate
   - Stellen Sie sicher, dass Zeitreihen keine Lücken aufweisen
   - Gruppieren Sie zeitbezogene Daten nach relevanten Einheiten (Tag, Woche, Monat, Quartal)

3. **Kategorische Dimensionen definieren:**

- Etablieren Sie klare Hierarchien (z.B. Produkt > Produktkategorie > Produktfamilie)
- Vermeiden Sie inkonsistente oder überlappende Kategorien
- Nutzen Sie Lookup-Tabellen für wiederkehrende kategorische Daten

Eine Finanzanalystin konnte die Genauigkeit ihrer Copilot-gestützten Umsatzprognosen um 23% verbessern, nachdem sie ihre Daten um kontextuelle Informationen wie Feiertage, Marketingkampagnen und Produkteinführungen erweitert hatte. Dieser zusätzliche Kontext ermöglichte es Copilot, saisonale Muster und kausale Zusammenhänge besser zu erkennen.

Die dritte Dimension, Annotation, beinhaltet die gezielte Anreicherung Ihrer Daten mit Hinweisen und Markierungen, die Copilot bei der Interpretation unterstützen. Dies ist besonders wertvoll für prädiktive Modellierung, da Annotationen die Aufmerksamkeit auf potenzielle Einflussfaktoren oder besondere Datenpunkte lenken können.

Effektive Annotationstechniken umfassen:

1. **Kommentare für Ausreißer:**

   - Markieren Sie außergewöhnliche Datenpunkte mit erklärenden Kommentaren
   - Dokumentieren Sie die Ursachen für ungewöhnliche Werte
   - Helfen Sie Copilot, zwischen echten Trends und Anomalien zu unterscheiden
2. **Bedingte Formatierung für Muster:**

   - Nutzen Sie Farbcodierungen, um wichtige Muster hervorzuheben
   - Markieren Sie Schwellenwerte oder kritische Bereiche

- Verwenden Sie visuelle Hinweise, um die Aufmerksamkeit auf relevante Datenbereiche zu lenken

3. **Benannte Bereiche für wichtige Metriken:**

- Definieren Sie benannte Bereiche für Schlüsselkennzahlen
- Verwenden Sie aussagekräftige Namen, die den Inhalt präzise beschreiben
- Erleichtern Sie Copilot die Identifikation wichtiger Datenelemente

Ein Controller erzählte mir, wie die systematische Annotation von Ausreißern in seinen Kosten-Datensätzen Copilot half, Muster zu erkennen, die sonst als zufällige Schwankungen abgetan worden wären. Die einfache Hinzufügung von erklärenden Kommentaren zu außergewöhnlichen Kostensteigerungen führte zu einer viel differenzierteren Analyse der Kostentreiber.

Die vierte Dimension, Datenreinigung, bildet die Grundlage für zuverlässige Copilot-Analysen. Selbst kleine Inkonsistenzen oder Fehler können die Qualität der Ergebnisse erheblich beeinträchtigen. Die Datenreinigung mag zwar zeitaufwändig erscheinen, ist aber eine unerlässliche Investition in die Qualität Ihrer prädiktiven Modelle.

Für eine gründliche Datenreinigung empfehle ich:

1. **Behandlung fehlender Werte:**

- Identifizieren und dokumentieren Sie Lücken in Ihren Daten
- Entscheiden Sie bewusst über Strategien für fehlende Werte (Ausschluss, Interpolation, Mittelwert)
- Informieren Sie Copilot über Ihre Vorgehensweise bei fehlenden Werten

2. **Standardisierung von Formaten:**

- Stellen Sie konsistente Formatierung für Zahlen, Datumsangaben und Text sicher
- Vereinheitlichen Sie Einheiten (z.B. alle Geldbeträge in derselben Währung)
- Korrigieren Sie Schreibvarianten bei kategorischen Daten

3. **Entfernung oder Isolation von Duplikaten:**

- Identifizieren und behandeln Sie Duplikate systematisch
- Dokumentieren Sie die Gründe für Duplikate und Ihre Behandlungsstrategie
- Stellen Sie sicher, dass jede Datenzeile ein einzigartiges Ereignis repräsentiert

In meiner Arbeit mit einem Logistikunternehmen konnte die Prognosefähigkeit für Lieferzeiten um mehr als 30% verbessert werden, nachdem eine gründliche Datenreinigung durchgeführt wurde. Die Standardisierung von Adressdaten und die Bereinigung von Duplikaten ermöglichten Copilot, präzisere Muster in den Lieferzeiten zu erkennen.

Die optimale Vorbereitung Ihrer Excel-Daten für Copilot sollte als iterativer Prozess betrachtet werden. Mit jeder Interaktion lernen Sie mehr über die spezifischen Anforderungen und Möglichkeiten der Copilot-Analyse in Ihrem Kontext. Dokumentieren Sie Ihre Erfahrungen und verfeinern Sie Ihre Datenaufbereitungsstrategie kontinuierlich.

Neben dem SKAR-Framework gibt es einige praktische Tipps, die ich aus meiner täglichen Arbeit mit Copilot empfehlen kann:

- Verwenden Sie aussagekräftige Dateinamen und Arbeitsblattbeschriftungen, die den Inhalt klar beschreiben
- Stellen Sie sicher, dass alle relevanten Daten in einer zusammenhängenden Struktur organisiert sind

- Vermeiden Sie übermäßig komplexe Formeln, die die Dateninterpretation erschweren könnten
- Dokumentieren Sie Ihre Datenaufbereitungsschritte für zukünftige Referenz

Die sorgfältige Vorbereitung Ihrer Excel-Daten bildet das Fundament für erfolgreiche prädiktive Modellierung mit Copilot. In den folgenden Kapiteln werden wir auf dieser Grundlage aufbauen und lernen, wie Sie Ihr erstes prädiktives Modell mit Copilot erstellen können. Die Zeit, die Sie jetzt in die Datenaufbereitung investieren, wird sich in Form präziserer, zuverlässigerer Prognosen vielfach auszahlen.

2. Ihr Erstes Prädiktives Modell Bauen: Copilot als Konstruktionshelfer Nutzen

Der Tag, an dem ich mein erstes prädiktives Modell mit Copilot erstellte, bleibt mir in lebhafter Erinnerung. Nach Jahren der manuellen Excel-Modellierung war es ein regelrechter Paradigmenwechsel zu erleben, wie schnell sich komplexe Zusammenhänge identifizieren und modellieren ließen. Diese Erfahrung möchte ich nun mit Ihnen teilen, denn der Bau Ihres ersten prädiktiven Modells markiert den Übergang von theoretischem Verständnis zu praktischer Anwendung.

In diesem Kapitel widmen wir uns dem spannenden Prozess, ein funktionierendes prädiktives Modell mit Hilfe von Copilot zu erstellen. Nachdem wir im vorigen Kapitel das Fundament gelegt haben, gehen wir nun einen entscheidenden Schritt weiter und setzen unser Wissen in konkrete Praxis um. Der Fokus liegt nicht auf komplexer Statistik, sondern auf der Erstellung eines pragmatischen, anwendbaren Modells, das reale Geschäftsfragen beantwortet.

Meine eigene Reise in die prädiktive Modellierung begann mit einer herausfordernden Aufgabe: Ich sollte Kundenabwanderungen vorhersagen, um frühzeitig Gegenmaßnahmen einleiten zu können. Mit traditionellen Excel-Methoden verbrachte ich Tage damit, relevante Faktoren zu identifizieren und zu gewichten. Als ich später denselben Prozess mit Copilot durchführte, reduzierte sich die Zeit auf wenige Stunden, und das Modell entdeckte Muster, die ich übersehen hatte. Diese Effizienzsteigerung und qualitative

Verbesserung ist genau das, was ich Ihnen in diesem Kapitel vermitteln möchte.

Der Bau eines prädiktiven Modells mit Copilot folgt einem klaren, strukturierten Ablauf, den wir gemeinsam Schritt für Schritt durchlaufen werden. Wir beginnen mit der Formulierung präziser Anweisungen, die Copilot dabei helfen, Ihre spezifischen Anforderungen zu verstehen. Anschließend nutzen wir Copilots analytische Fähigkeiten, um potenzielle Einflussfaktoren zu identifizieren und deren Beziehungen zu modellieren. Den Abschluss bildet die kritische Prüfung und Validierung der Ergebnisse, um sicherzustellen, dass Ihr Modell nicht nur statistisch interessant, sondern auch praktisch anwendbar ist.

Eine häufige Sorge, die ich von Teilnehmern meiner Workshops höre, ist die Angst vor der "Black Box" künstlicher Intelligenz. Viele befürchten, dass sie die von Copilot generierten Modelle nicht vollständig verstehen oder erklären können. Diese Sorge nehme ich ernst, und deshalb lege ich besonderen Wert darauf, Ihnen zu zeigen, wie Sie jederzeit die Kontrolle über den Modellierungsprozess behalten. Copilot ist ein Werkzeug, das Ihre Fähigkeiten erweitert, nicht ersetzt.

Die effektive Nutzung von Copilot für die prädiktive Modellierung erfordert eine neue Art der Kommunikation. Anders als bei traditionellen Excel-Funktionen, die spezifische Syntax verlangen, interagieren Sie mit Copilot durch natürliche Sprache. Diese Interaktion hat ihre eigenen Nuancen und Feinheiten, die wir ausführlich erkunden werden. Sie werden lernen, wie Sie Ihre geschäftlichen Fragestellungen in klare, präzise Anweisungen übersetzen können, die Copilot optimal verstehen und umsetzen kann.

Ein entscheidender Erfolgsfaktor beim Bau prädiktiver Modelle ist die Fähigkeit, zwischen Korrelation und Kausalität zu unterscheiden. In meiner Arbeit mit Vertriebsteams habe ich oft erlebt, wie begeistert sie waren, wenn Copilot starke statistische

Zusammenhänge identifizierte. Doch nicht jede Korrelation ist kausal oder geschäftlich relevant. Ich werde Ihnen zeigen, wie Sie mit Copilot zusammenarbeiten können, um nicht nur statistische Beziehungen zu erkennen, sondern auch deren praktische Bedeutung zu evaluieren.

Die Kunst der Prompt-Formulierung bildet das Herzstück unserer Arbeit mit Copilot. Ein präziser, durchdachter Prompt kann den Unterschied zwischen einem mittelmäßigen und einem herausragenden Modell ausmachen. In diesem Kapitel entwickeln wir eine Methodik für die Formulierung effektiver Prompts, die speziell auf die prädiktive Modellierung zugeschnitten ist. Sie werden lernen, wie Sie Ihre Geschäftskenntnisse und Domänenexpertise in Prompts übersetzen können, die Copilot optimal nutzen.

Die Identifizierung relevanter Einflussfaktoren stellt eine zentrale Herausforderung in der prädiktiven Modellierung dar. Traditionell erfordert dieser Prozess entweder umfangreiche statistische Kenntnisse oder langwierige Trial-and-Error-Ansätze. Mit Copilot können wir diesen Prozess erheblich beschleunigen und verfeinern. Ich zeige Ihnen, wie Sie Copilot anleiten können, potenzielle Treiber in Ihren Daten zu erkennen und deren relative Bedeutung zu bewerten.

Ein Controller eines mittelständischen Fertigungsunternehmens nutzte diesen Ansatz, um Faktoren zu identifizieren, die die Materialkosten beeinflussen. Während sein bisheriges Modell nur allgemeine Preisindizes berücksichtigte, entdeckte er mit Copilot, dass spezifische Lieferantenverträge, saisonale Muster und sogar Wetterbedingungen signifikante Auswirkungen hatten. Diese differenziertere Betrachtung führte zu einer Verbesserung der Prognosegenauigkeit um mehr als 20%.

Die Strukturierung und Interpretation der von Copilot vorgeschlagenen Modelle bildet einen weiteren Schwerpunkt dieses Kapitels. Copilot kann eine Vielzahl von Modellstrukturen vorschlagen, von einfachen linearen Beziehungen bis hin zu komplexeren nicht-linearen Mustern. Sie werden lernen, wie Sie diese Vorschläge interpretieren, bewerten und in praktische Excel-Modelle umsetzen können.

Die Balance zwischen Modellkomplexität und praktischer Anwendbarkeit stellt eine kontinuierliche Herausforderung dar. Ein zu einfaches Modell wird wichtige Zusammenhänge übersehen, während ein zu komplexes Modell schwer zu verstehen und zu kommunizieren ist. Ich teile mit Ihnen Strategien, um diese Balance zu finden und Modelle zu erstellen, die sowohl präzise als auch praktisch anwendbar sind.

Die Validierung und Plausibilitätsprüfung Ihrer Modellergebnisse bildet einen unerlässlichen Schritt im Modellierungsprozess. Selbst die fortschrittlichsten KI-Systeme können irreführende oder fehlerhafte Ergebnisse produzieren, wenn sie mit unzureichenden oder verzerrten Daten arbeiten. Ich zeige Ihnen, wie Sie systematisch die Plausibilität und Zuverlässigkeit Ihrer Modelle überprüfen können, um sicherzustellen, dass sie eine solide Grundlage für geschäftliche Entscheidungen bieten.

Die praktischen Anwendungsmöglichkeiten prädiktiver Modelle sind vielfältig und branchenübergreifend. Im Laufe dieses Kapitels werden wir verschiedene Anwendungsfälle betrachten, darunter:

1. **Absatzprognosen:**

   - Identifikation der wichtigsten Einflussfaktoren auf Verkaufszahlen
   - Berücksichtigung saisonaler Muster und Markttrends
   - Integration von Marketingaktivitäten in das Prognosemodell

2. **Kostenprognosen:**

   - Modellierung der Beziehungen zwischen Produktionsvolumen und Kosten

- Berücksichtigung von Preisschwankungen bei Rohstoffen
- Integration von Effizienzsteigerungen und Lernkurveneffekten

3. **Kundenverhalten:**

- Vorhersage von Kundenabwanderung oder Kaufverhalten
- Identifikation kritischer Touchpoints in der Customer Journey
- Bewertung der Auswirkungen von Preisänderungen oder Marketingmaßnahmen

4. **Ressourcenplanung:**

- Prognose des Personalbedarfs basierend auf Geschäftsvolumen
- Optimierung von Lagerbeständen und Lieferketten
- Kapazitätsplanung für Produktionsanlagen oder IT-Ressourcen

Ein Finanzanalyst nutzte den in diesem Kapitel beschriebenen Ansatz, um ein Modell für die Vorhersage von Cashflow-Schwankungen zu entwickeln. Das mit Copilot erstellte Modell identifizierte nicht nur die offensichtlichen saisonalen Muster, sondern auch subtile Zusammenhänge mit Zahlungsverhalten von Kunden und internen Prozesszyklen. Diese verbesserte Vorhersagefähigkeit ermöglichte eine präzisere Liquiditätsplanung und optimierte Investitionsentscheidungen.

Die in diesem Kapitel vorgestellten Techniken sind bewusst so konzipiert, dass sie mit minimalen technischen Vorkenntnissen umgesetzt werden können. Sie benötigen weder Programmierkenntnisse noch ein tiefes Verständnis statistischer Methoden. Was Sie brauchen, ist ein grundlegendes Verständnis von Excel, Zugang zu Copilot und vor allem Ihre Domänenexpertise und geschäftliches Urteilsvermögen.

Während wir durch dieses Kapitel navigieren, möchte ich Sie ermutigen, die vorgestellten Konzepte sofort mit Ihren eigenen Daten anzuwenden. Prädiktive Modellierung ist eine Fertigkeit, die durch praktische Anwendung entwickelt wird. Jedes Modell, das Sie bauen, jeder Prompt, den Sie formulieren, und jede Validierung, die Sie durchführen, verbessert Ihre Fähigkeit, Copilot für zuverlässige Prognosen zu nutzen.

Der Bau Ihres ersten prädiktiven Modells mag zunächst herausfordernd erscheinen, doch mit der richtigen Herangehensweise und den Tools, die ich Ihnen in diesem Kapitel vorstelle, wird es zu einer bewältigbaren, sogar spannenden Aufgabe. Lassen Sie uns gemeinsam diesen entscheidenden Schritt auf Ihrer Reise zur prädiktiven Meisterschaft gehen und die Kraft von Copilot nutzen, um Ihre Excel-Prognosen auf ein neues Niveau zu heben.

2. Ihr Erstes Prädiktives Modell Bauen: Copilot als Konstruktionshelfer Nutzen

Der Moment, in dem Sie Ihr erstes prädiktives Modell mit Copilot erstellen, markiert einen Wendepunkt: Sie transformieren Excel von einem passiven Werkzeug zur aktiven Entscheidungsunterstützung. Diese Reise beginnt nicht mit komplexer Code-Schreibe oder Statistik-Kursen, sondern mit einem klaren, schrittweisen Ansatz, der Ihre bestehenden Excel-Kenntnisse mit der KI-Kraft von Copilot verbindet. In diesem Kapitel lernen Sie, wie Sie aus einfachen Datenanalysen fundierte Prognosen entwickeln – ein Prozess, der Sie von der Reaktivität zur Proaktivität führt.

Meine eigene Erfahrung mit dem Bau prädiktiver Modelle begann mit einer einfachen Frage: *„Wie identifiziere ich die richtigen Einflussfaktoren für meine Umsatzprognosen?"* Die Antwort führte mich zu Copilot, der als intelligenter Assistent half, verborgene Muster zu entdecken und diese in handhabbare Modelle zu übersetzen. Heute teile ich mit Ihnen diese Methode, damit Sie ähnliche Durchbrüche erleben können.

Der Bau eines prädiktiven Modells unterscheidet sich grundlegend von traditionellen Excel-Ansätzen. Während letztere oft auf statischen Formeln basieren, nutzt Copilot die Dynamik natürlicher Sprache, um komplexe Beziehungen zu modellieren. Dieser Paradigmenwechsel erfordert eine neue Art der Interaktion: Sie werden zum *„KI-Übersetzer"*, der geschäftliche Fragestellungen in präzise Copilot-Anweisungen übersetzt.

Ein Controller eines Einzelhandelsunternehmens beschrieb diesen Wandel treffend: *„Früher habe ich Stunden damit verbracht, manuelle Trends zu extrapolieren. Mit Copilot generiere ich heute in Minuten Prognosen, die nicht nur Zahlen liefern, sondern erklären, warum sich etwas ändert."* Diese Erkenntnis zeigt das Potenzial: Copilot nicht als Ersatz für Excel, sondern als Katalysator für tiefergehende Analysen.

Die Strukturierung des Modellbaus erfolgt in drei Phasen:

1. **Vorbereitung der Arbeitsgrundlage**

   - Klare Definition des Prognoseziels (z. B. *„Vorhersage der Verkaufszahlen für Q4")*
   - Auswahl relevanter Daten (Umsatzhistorie, Marketingausgaben, saisonale Muster)
   - Strukturierung der Daten in übersichtliche Excel-Tabellen

2. **KI-gestützte Erkundung**

   - Formulierung effektiver Copilot-Prompts zur Identifizierung von Treibern
   - Analyse von Korrelationen und kausalen Zusammenhängen
   - Erstellung einer Hypothese für die Modellstruktur (z. B. *„Umsatz = Marketingausgaben + Saisonalität")*

3. **Validierung und Optimierung**

   - Umsetzung der Hypothese in Excel-Formeln
   - Prüfung der Plausibilität durch Vergleich mit historischen Daten
   - Iteratives Feinjustieren der Annahmen basierend auf Copilot-Feedback

Ein Finanzplaner, der diese Methode anwendete, verbesserte die Genauigkeit seiner Lagerbestandsprognosen um 18%. Der Schlüssel lag in der Kombination von Copilots Analysefähigkeiten mit der manuellen Prüfung kritischer Annahmen.

Die größte Herausforderung liegt in der Balance zwischen KI-Unterstützung und menschlicher Kontrolle. Copilot liefert Vorschläge, aber Sie müssen entscheiden, welche davon in Ihrem Kontext sinnvoll sind. Diese Entscheidungskompetenz entwickeln Sie durch:

- **Kontextualisierung der Daten**: Klare Beschreibung der Geschäftssituation, die der Prognose zugrunde liegt
- **Kritische Reflexion**: Hinterfragen von Copilots Vorschlägen anhand Ihrer Branchenerfahrung
- **Schrittweises Vorgehen**: Aufbau komplexerer Modelle durch iterative Verbesserung einfacher Ansätze

Ein Beispiel aus der Praxis: Ein Vertriebsleiter nutzte Copilot, um die Auswirkungen von Preisänderungen auf den Umsatz zu modellieren. Der Assistent identifizierte zwar eine starke Korrelation, doch die manuelle Prüfung ergab, dass diese nur für bestimmte Produktkategorien galt. Diese Erkenntnis führte zu einem segmentierten Modell, das differenziertere Prognosen ermöglichte.

Der Modellbau erfordert auch die Beherrschung neuer Excel-Funktionen. Während Sie bisher Formeln wie *WIEDERHOLEN* oder *LINEARE TRENDPROGNOSE* nutzten, öffnet Copilot Türen zu fortgeschrittenen Methoden wie:

Excel-Funktion	Copilot-Integration	Praxisbeispiel
DATENANALYSE-TOOL PAK	Automatisierte Regressionsanalysen	Identifizierung nicht-linearer Beziehungen zwischen Rohstoffpreisen und Kosten

Excel-Funktion	Copilot-Integration	Praxisbeispiel
SCENARIOMANAGER	KI-gestützte Szenarioerstellung	Simulation von Markteintritten neuer Wettbewerber
DATENVALIDIERUNG	Copilot-Prompts zur Fehlererkennung	Prüfung der Konsistenz von Zeitreihendaten

Die eigentliche Kunst liegt in der Übersetzung von Copilots Textantworten in Excel-Modelle. Hierfür empfehle ich ein **Template-System**:

1. **Modellvorlage**: Strukturierte Excel-Tabelle mit Spalten für Zielvariable, Einflussfaktoren und Annahmen
2. **Prompt-Katalog**: Sammlung bewährter Copilot-Anweisungen für typische Analyseaufgaben
3. **Dokumentationsblatt**: Protokollierung aller Hypothesen und Validierungsergebnisse

Ein Supply-Chain-Manager berichtete, dass dieses System die Modellierungszeit von Wochen auf Tage reduzierte. Die Klarheit der Vorlagen half seinem Team, Copilots Vorschläge systematisch in Prognosen umzusetzen.

Die Integration von Copilot in bestehende Excel-Workflows erfordert auch eine Anpassung der Arbeitsprozesse. Statt isolierter Modelle entstehen „**KI-Unterstützte Analyse-Pfade**", die menschliches Urteilsvermögen und KI-Analysen kombinieren. Ein typischer Workflow sieht so aus:

1. **Fragen formulieren**: *„Welche Faktoren beeinflussen die Lagerkosten am stärksten?"*
2. **Copilot befragen**: Generierung einer Liste potenzieller Treiber und deren Gewichtung

3. **Hypothesen testen**: Umsetzung der Top-3-Faktoren in Excel-Formeln
4. **Ergebnisse validieren**: Vergleich der Prognose mit historischen Daten und Stakeholder-Feedback

Diese iterative Herangehensweise transformiert Excel in eine **„KI-gestützte Entscheidungsfabrik"**, die nicht nur Prognosen liefert, sondern auch die Logik hinter den Vorhersagen transparent macht.

Die größten Erfolge entstehen, wenn Sie Copilot nicht als „Black Box" betrachten, sondern als Werkzeug, das Ihre Fähigkeiten erweitert. Ein Finanzanalyst beschrieb dies treffend: *„Copilot ist kein Ersatz für meine Expertise, sondern ein Sparringspartner, der mir hilft, neue Perspektiven zu entdecken."*

In den folgenden Abschnitten zeigen wir Ihnen, wie Sie diese Partnerschaft gezielt nutzen: von der Formulierung präziser Prompts bis zur Validierung der Ergebnisse. Der Fokus liegt auf der Praxis – Sie werden lernen, wie Sie mit Copilot nicht nur Modelle bauen, sondern auch Vertrauen in deren Prognosen aufbauen.

Die Reise zum ersten prädiktiven Modell ist kein Sprint, sondern ein Marathon. Doch mit jedem Schritt gewinnen Sie mehr Kontrolle über die Zukunft. Lassen Sie uns gemeinsam die Grundlagen legen, die Sie befähigen, Copilot als Ihren strategischen Assistenz-Entscheider einzusetzen.

2.1 Effektive Prompts Formulieren: Copilot Präzise zur Modellerstellung Anleiten

2.1.1 Geschäftsfragen in Klare Copilot-Anweisungen Übersetzen

Die Kunst der Kommunikation mit künstlicher Intelligenz gleicht dem Gespräch mit einem brillanten, aber wörtlich nehmenden Assistenten. "Zeig mir die Verkaufszahlen" mag in einem Gespräch mit Kollegen funktionieren, führt bei Copilot jedoch oft zu unspezifischen Ergebnissen. Diese Erkenntnis traf mich, als ich zum ersten Mal versuchte, mit allgemeinen Anweisungen von Copilot eine Umsatzprognose zu erstellen. Die vagen Antworten ließen mich zunächst zweifeln, ob das Tool für komplexe Analysen geeignet sei. Der Durchbruch kam, als ich lernte, Geschäftsfragen in präzise, kontextreiche Anweisungen zu übersetzen.

Die Übersetzung von Geschäftsfragen in effektive Copilot-Anweisungen ist keine nebensächliche Fertigkeit, sondern das Herzstück erfolgreicher prädiktiver Modellierung. Selbst das leistungsstärkste KI-System kann nur so gut sein wie die Anweisungen, die es erhält. In diesem Abschnitt zeige ich Ihnen, wie Sie Ihre geschäftlichen Fragestellungen in klare, zielführende Prompts transformieren, die Copilot optimal nutzen.

Der grundlegende Unterschied zwischen menschlicher Kommunikation und Kommunikation mit Copilot liegt in der Notwendigkeit von Explizitheit und Struktur. Menschen ergänzen Kommunikationslücken mühelos durch Kontextwissen und implizites Verständnis. Copilot hingegen benötigt explizite Informationen und klare Strukturen, um Ihre Intention vollständig zu erfassen. Dieses Prinzip bildet die Basis für alle effektiven Prompts.

Ein Finanzcontroller fragte Copilot: "Welche Faktoren beeinflussen unseren Umsatz?" und erhielt eine generische Antwort über typische Umsatztreiber. Als er die Frage in "Analysiere die Korrelationen zwischen den Spalten 'Marketingausgaben', 'Saisonindex' und 'Umsatz' in Tabelle 'Verkaufsdaten' und identifiziere die stärksten Einflussfaktoren auf den Umsatz der letzten 12 Monate" umformulierte, lieferte Copilot eine detaillierte, datenspezifische Analyse.

Die Entwicklung effektiver Prompts folgt einem Framework, das ich als SPECS bezeichne:

1. **S**pezifisch und präzise:

   - Formulieren Sie konkrete Fragen statt allgemeiner Anfragen
   - Benennen Sie exakte Datenbereiche oder Tabellenbezeichnungen
   - Definieren Sie klare Ziele und gewünschte Ergebnisformate

2. **P**räziser Kontext:

   - Liefern Sie relevante Hintergrundinformationen
   - Erklären Sie die geschäftliche Bedeutung der Daten
   - Teilen Sie wichtige Annahmen oder Einschränkungen mit

3. **E**xplizite Methodik:

   - Geben Sie an, welche Analysemethoden Sie bevorzugen
   - Spezifizieren Sie, welche statistischen Konzepte angewendet werden sollen
   - Definieren Sie den gewünschten Detaillierungsgrad der Analyse

4. **C**hromatischer Rahmen:

   - Setzen Sie zeitliche Grenzen (z.B. "der letzten 4 Quartale")

- Definieren Sie relevante Vergleichszeiträume
- Geben Sie an, wie weit in die Zukunft die Prognose reichen soll
5. **Strukturierte Ausgabe:**

  - Beschreiben Sie das gewünschte Format der Ergebnisse
  - Spezifizieren Sie, ob Sie Tabellen, Diagramme oder Text bevorzugen
  - Geben Sie an, wie detailliert die Erklärungen sein sollten

Die Übersetzung einer Geschäftsfrage in einen effektiven Prompt beginnt mit der Identifikation der Kernfrage. Nehmen wir an, Ihr Vertriebsleiter fragt: "Werden wir unser Jahresziel erreichen?" Diese offene Frage müssen Sie in eine präzise Copilot-Anweisung transformieren.

Der Übersetzungsprozess folgt diesen Schritten:

1. **Kernfrage identifizieren:**

  - "Werden wir basierend auf aktuellen Trends das Jahresziel erreichen?"
2. **Relevante Daten spezifizieren:**

  - "Analysiere die monatlichen Verkaufsdaten in Tabelle 'Umsatz_2024'"
3. **Analysemethode definieren:**

  - "Erstelle eine Trendprognose basierend auf den ersten drei Quartalen"
4. **Kontext hinzufügen:**

  - "Das Jahresziel beträgt 2,5 Millionen Euro. Berücksichtige die typische Q4-Saisonalität aus Spalte 'Saisonindex'"
5. **Gewünschtes Ergebnis formulieren:**

- "Gib die prognostizierte Jahressumme und die Wahrscheinlichkeit, das Ziel zu erreichen, als Prozentwert an"

Der resultierende Prompt könnte lauten: "Analysiere die monatlichen Verkaufsdaten in der Tabelle 'Umsatz_2024'. Erstelle eine Trendprognose für Q4 basierend auf den Daten der ersten drei Quartale. Berücksichtige dabei die Q4-Saisonalität aus der Spalte 'Saisonindex'. Das Jahresziel beträgt 2,5 Millionen Euro. Berechne die prognostizierte Jahressumme und gib die Wahrscheinlichkeit an, mit der wir das Jahresziel erreichen werden. Präsentiere das Ergebnis als Tabelle mit prognostizierten Monatswerten und visualisiere den Trend in einem Liniendiagramm."

Die Qualität eines Prompts verbessert sich oft erheblich durch die Bereitstellung relevanter Kontextinformationen. Wenn Sie beispielsweise wissen, dass bestimmte Ausreißer oder besondere Ereignisse Ihre Daten beeinflusst haben, sollten Sie diese Information in Ihren Prompt integrieren: "Beachte, dass der Umsatzsprung im März auf eine einmalige Großbestellung zurückzuführen ist und nicht für die Trendberechnung berücksichtigt werden sollte."

Ein strategischer Aspekt effektiver Prompts ist die richtige Balance zwischen Führung und Offenheit. Zu restriktive Prompts können Copilot daran hindern, wertvolle Muster zu entdecken, die Sie nicht erwartet haben. Zu offene Prompts führen hingegen zu unspezifischen Ergebnissen. Ich empfehle einen zweistufigen Ansatz:

1. **Explorativer Prompt:** Beginnen Sie mit einer breiteren Frage, um potenzielle Muster zu identifizieren "Analysiere die Tabelle 'Verkaufsdaten' und identifiziere die Top-5-Faktoren, die mit Umsatzänderungen korrelieren."

2. **Fokussierter Prompt:** Vertiefen Sie die Analyse basierend auf den ersten Erkenntnissen "Untersuche die Beziehung

zwischen den Faktoren 'Marketingausgaben', 'Wetterbedingungen' und 'Umsatz' genauer. Erstelle ein Regressionsmodell und quantifiziere den Einfluss jedes Faktors.'"

Eine Marketing-Analystin nutzte diesen Ansatz, um den ROI von Marketingkampagnen zu modellieren. Der explorative Prompt enthüllte überraschend starke Korrelationen mit Wetterdaten, die sie ursprünglich nicht berücksichtigt hatte. Die fokussierte Folgeanalyse führte zu einem wesentlich präziseren Prognosemodell.

Die Übersetzung von Geschäftsfragen in effektive Prompts erfordert auch die Anpassung an verschiedene Analysetypen. Hier sind spezifische Prompt-Strukturen für häufige Anwendungsfälle:

1. **Trendanalyse und Prognose:** "Analysiere den Trend in [Datensatz] für [Variable] über die letzten [Zeitraum]. Erstelle eine Prognose für die nächsten [Zeitraum] unter Berücksichtigung von [Saisonalität/andere Faktoren]. Visualisiere den historischen Trend und die Prognose in einem Liniendiagramm mit Konfidenzintervallen."

2. **Treiber-Identifikation:** "Untersuche die Korrelationen zwischen [Zielvariable] und allen anderen Variablen in [Datensatz]. Identifiziere die Top-[Anzahl] Faktoren mit dem stärksten Einfluss. Quantifiziere die Stärke jeder Beziehung und gib an, ob sie positiv oder negativ ist."

3. **Szenarioanalyse:** "Erstelle ein Modell für [Zielvariable] basierend auf [Einflussfaktoren] aus [Datensatz]. Simuliere drei Szenarien: optimistisch ([Parameter mit Werten]), realistisch ([Parameter mit Werten]) und pessimistisch ([Parameter mit Werten]). Zeige die Ergebnisse in einer vergleichenden Tabelle und einem Diagramm."

4. **Anomalie-Erkennung:** "Analysiere [Datensatz] und identifiziere ungewöhnliche Muster oder Ausreißer in

[Variable]. Erkläre mögliche Ursachen für diese Anomalien basierend auf anderen Variablen im Datensatz. Visualisiere die Ausreißer klar im Kontext der Gesamtdaten."

Die Sprache, die Sie in Ihren Prompts verwenden, spielt eine entscheidende Rolle für die Qualität der Ergebnisse. Ich empfehle diese sprachlichen Prinzipien:

- Verwenden Sie präzise, eindeutige Begriffe statt vager Formulierungen
- Nutzen Sie Fachterminologie, die im Kontext Ihrer Daten relevant ist
- Formulieren Sie in aktiven, direkten Sätzen ohne verschachtelte Nebensätze
- Verzichten Sie auf Füllwörter und Redundanzen

Ein typisches Problem bei der Prompt-Formulierung ist die Tendenz, zu viel in einen einzelnen Prompt zu packen. Dies kann zu unvollständigen oder oberflächlichen Antworten führen. Stattdessen empfehle ich, komplexe Analysen in eine Sequenz von Prompts aufzuteilen. Diese iterative Herangehensweise führt oft zu tieferen Erkenntnissen.

Ein Fallbeispiel aus dem Controlling illustriert diesen Ansatz. Anstatt Copilot mit einer einzigen komplexen Anweisung zur Kostenprognose zu überfordern, unterteilte der Controller die Analyse in drei Schritte:

1. "Analysiere die historischen Kostendaten und identifiziere Hauptkostentreiber."
2. "Untersuche die Beziehung zwischen Produktionsvolumen und identifizierten Kostentreibern."
3. "Erstelle ein Kostenprognosemodell basierend auf den geplanten Produktionsmengen für das nächste Jahr."

Diese sequentielle Herangehensweise führte zu einem wesentlich differenzierteren und genaueren Kostenmodell.

Ein weiterer wichtiger Aspekt bei der Übersetzung von Geschäftsfragen ist die Berücksichtigung der Datenqualität. Wenn Sie wissen, dass Ihre Daten Lücken oder Qualitätsprobleme aufweisen, sollten Sie Copilot explizit darauf hinweisen und Anweisungen zur Behandlung dieser Probleme geben:

"Die Daten in Spalte 'Kundenfeedback' enthalten etwa 15% fehlende Werte. Ignoriere diese Zeilen bei der Analyse oder verwende geeignete Methoden zur Behandlung fehlender Werte. Dokumentiere deine Vorgehensweise."

Die Übersetzung von Geschäftsfragen in effektive Prompts ist eine Fertigkeit, die sich mit der Zeit entwickelt. Durch kontinuierliches Lernen aus den Ergebnissen und gezielte Verfeinerung Ihrer Prompts werden Sie immer präzisere und wertvollere Analysen von Copilot erhalten. Ich empfehle, ein persönliches "Prompt-Tagebuch" zu führen, in dem Sie erfolgreiche Formulierungen dokumentieren und für zukünftige Analysen wiederverwenden können.

Die Wirksamkeit Ihrer Prompts hängt auch von Ihrem Verständnis der Stärken und Grenzen von Copilot ab. Das Tool ist besonders stark in der Erkennung von Mustern in strukturierten Daten, der Durchführung statistischer Analysen und der Generierung klarer Visualisierungen. Es stößt jedoch an Grenzen bei hochkomplexen, domänenspezifischen Analysen ohne ausreichenden Kontext oder bei der Berücksichtigung externer Faktoren, die nicht in Ihren Daten enthalten sind.

Im nächsten Abschnitt werden wir darauf aufbauen und lernen, wie Sie Copilot gezielt zur Identifizierung potenzieller Einflussfaktoren anregen können, ein entscheidender Schritt beim Bau Ihres prädiktiven Modells. Die Fähigkeit, Geschäftsfragen in präzise Copilot-Anweisungen zu übersetzen, bildet dafür das unverzichtbare Fundament.

2.1.2 Copilot zur Identifizierung Potenzieller Einflussfaktoren Anregen

Die Entdeckung verborgener Einflussfaktoren gleicht einer Schatzsuche. "Dies ist der wertvollste Teil der prädiktiven Modellierung," flüsterte mir ein Controlling-Kollege nach einer besonders erfolgreichen Analysesitzung zu. Er hatte Recht. Die Identifikation der wirklich relevanten Treiber entscheidet über Erfolg oder Misserfolg jedes Prognosemodells. Vor dem Zeitalter von Copilot erforderte diese Aufgabe entweder tiefes statistisches Fachwissen oder mühsame manuelle Korrelationsanalysen in Excel. Heute können wir Copilot gezielt anleiten, diese Schatzsuche für uns zu übernehmen.

Mein erster Versuch, mit Copilot Einflussfaktoren zu identifizieren, war eine Offenbarung. Für eine Umsatzprognose eines Elektronikfachhändlers stellte ich die einfache Frage: "Welche Faktoren beeinflussen unseren Umsatz am stärksten?" Die Antwort war generisch und wenig hilfreich. Als ich den Prompt jedoch verfeinerte und kontextualisierte, lieferte Copilot eine detaillierte Analyse, die nicht nur offensichtliche Faktoren wie Marketingausgaben identifizierte, sondern auch überraschende Zusammenhänge mit lokalen Ferienzeiten und Produkteinführungen von Technologiegiganten aufzeigte.

Die Kunst, Copilot zur Identifizierung potenzieller Einflussfaktoren anzuregen, basiert auf einem strukturierten Dialog, den ich als "FINDER"-Methode bezeichne. Diese Abkürzung steht für die sechs Schlüsselelemente effektiver Prompts zur Treiber-Identifikation:

1. Fokus definieren:

   - Spezifizieren Sie klar, welche Zielvariable Sie verstehen möchten
   - Definieren Sie den relevanten Zeitraum und Kontext
   - Grenzen Sie den Suchraum sinnvoll ein

2. Informationen bereitstellen:

- Beschreiben Sie die verfügbaren Daten und deren Struktur
- Teilen Sie relevantes Domänenwissen mit
- Erklären Sie besondere Eigenschaften oder Einschränkungen der Daten

3. Niveau der Analyse festlegen:

- Spezifizieren Sie den gewünschten Detaillierungsgrad
- Definieren Sie, ob Sie grundlegende Korrelationen oder tiefere kausale Beziehungen suchen
- Legen Sie fest, ob qualitative oder quantitative Analysen bevorzugt werden

4. Differenzierung anregen:

- Bitten Sie um Priorisierung der identifizierten Faktoren
- Fordern Sie die Unterscheidung zwischen direkten und indirekten Einflussfaktoren
- Regen Sie die Betrachtung verschiedener Zeithorizonte an

5. Erkenntnisse strukturieren:

- Definieren Sie das gewünschte Format der Ergebnisse
- Bitten Sie um klare Visualisierungen oder Tabellen
- Fordern Sie eine strukturierte Bewertung der Faktoren

6. Reflexion einfordern:

- Bitten Sie um kritische Beurteilung der identifizierten Zusammenhänge
- Regen Sie das Hinterfragen von Scheinkorrelationen an
- Fordern Sie Vorschläge für weitere Untersuchungen

Diese FINDER-Methode hat sich in meiner Praxis als äußerst wirksam erwiesen, um Copilot zu detaillierten und relevanten Analysen potenzieller Einflussfaktoren anzuregen.

Lassen Sie mich ein konkretes Beispiel aus meiner Beratungstätigkeit teilen. Ein mittelständischer Hersteller von Spezialchemikalien wollte verstehen, welche Faktoren seine Produktionskosten beeinflussen. Statt einer allgemeinen Frage formulierte ich einen strukturierten Prompt nach der FINDER-Methode:

"Analysiere die Excel-Tabelle 'Produktionskosten_2024' und identifiziere die wichtigsten Einflussfaktoren auf unsere Produktionskosten pro Einheit (Spalte K). Die Tabelle enthält monatliche Daten der letzten drei Jahre, einschließlich Rohstoffpreise, Produktionsvolumen, Energiekosten, Personalbestand und Maschinenauslastung. Unsere Hauptproduktlinie unterliegt saisonalen Schwankungen mit Höhepunkten im Frühjahr und Herbst. Führe eine quantitative Analyse durch und priorisiere die Top-5-Einflussfaktoren nach Stärke der Korrelation. Unterscheide zwischen direkten Kostentreibern und indirekten Faktoren. Erstelle eine Tabelle mit den identifizierten Faktoren, ihrer relativen Bedeutung (in Prozent) und der Art des Zusammenhangs (linear, nicht-linear). Beurteile kritisch, ob es sich um kausale Beziehungen oder möglicherweise um Scheinkorrelationen handelt."

Das Ergebnis war beeindruckend. Copilot identifizierte nicht nur die offensichtlichen Zusammenhänge mit Rohstoffpreisen, sondern entdeckte auch eine überraschend starke Korrelation zwischen Produktionskosten und der Vorlaufzeit von Bestellungen, ein Faktor, den das Unternehmen bisher nicht systematisch betrachtet hatte.

Die Identifizierung potenzieller Einflussfaktoren erfolgt am effektivsten in mehreren Iterationen. Ich empfehle einen dreistufigen Ansatz:

1. Breite Exploration:

- Beginnen Sie mit einem offenen, aber strukturierten Prompt zur Identifizierung möglicher Einflussfaktoren
- Bitten Sie um eine erste Priorisierung nach statistischer Relevanz
- Fordern Sie verschiedene Perspektiven auf die Daten an

2. Gezielte Vertiefung:

- Fokussieren Sie auf die vielversprechendsten Faktoren aus der ersten Analyse
- Untersuchen Sie detailliert die Art der Beziehungen (linear, exponentiell, saisonal)
- Bitten Sie um eine kritische Beurteilung der statistischen Signifikanz

3. Kausale Validierung:

- Hinterfragen Sie identifizierte Korrelationen auf Kausalität
- Testen Sie alternative Erklärungen für beobachtete Zusammenhänge
- Bitten Sie um Vorschläge für experimentelle Validierungen

Ein Supply-Chain-Manager nutzte diesen Ansatz, um die Treiber für Lieferverzögerungen zu identifizieren. Die erste Exploration zeigte starke Korrelationen mit Bestellvolumen und Lieferantenstandort. Die gezielte Vertiefung offenbarte jedoch, dass der eigentliche Haupttreiber die Kombination aus Bestellzeitpunkt und internen Genehmigungsprozessen war, nicht die zunächst vermuteten Faktoren.

Bei der Anregung von Copilot zur Einflussfaktor-Identifikation ist die Berücksichtigung verschiedener Analyseperspektiven besonders wertvoll. Ich empfehle, explizit nach unterschiedlichen analytischen Blickwinkeln zu fragen, wie:

- **Temporale Perspektive:** "Untersuche sowohl unmittelbare als auch verzögerte Auswirkungen von Faktoren."
- **Segmentierungsperspektive:** "Analysiere, ob sich Einflussfaktoren zwischen verschiedenen Produktkategorien unterscheiden."
- **Systemische Perspektive:** "Identifiziere mögliche Wechselwirkungen zwischen den Haupteinflussfaktoren."

Diese multiperspektivische Betrachtung führt oft zu wertvollen Erkenntnissen, die bei einer eindimensionalen Analyse verborgen bleiben würden.

Ein Marketingleiter entdeckte durch diesen Ansatz, dass Werbeausgaben für verschiedene Produktkategorien völlig unterschiedliche Wirkungsmuster zeigten. Während bei Premiumprodukten die Wirkung verzögert und langanhaltend war, zeigte sich bei Standardprodukten ein unmittelbarer, aber kurzlebiger Effekt.

Die Qualität der Einflussfaktor-Identifikation hängt stark von der Datenqualität und -struktur ab. Bevor Sie Copilot nach Einflussfaktoren fragen, sollten Sie sicherstellen, dass Ihre Daten:

- Konsistent und vollständig sind, mit minimalen fehlenden Werten
- Einen ausreichend langen Zeitraum abdecken, um saisonale Muster zu erkennen
- Granular genug sind, um relevante Zusammenhänge zu erfassen
- In einem klar strukturierten Format organisiert sind

Für besonders komplexe Datensätze empfehle ich, Copilot zunächst zu bitten, die Datenqualität und -struktur zu bewerten, bevor Sie mit der eigentlichen Einflussfaktorenanalyse beginnen.

Eine häufige Herausforderung bei der Identifikation von Einflussfaktoren ist die Unterscheidung zwischen Korrelation und Kausalität. Copilot kann statistische Zusammenhänge erkennen, aber die Interpretation kausaler Beziehungen erfordert menschliches Urteilsvermögen und Domänenwissen. Ich schlage vor, Copilot explizit nach Hinweisen zu fragen, die für oder gegen kausale Beziehungen sprechen, wie:

- Zeitliche Reihenfolge von Ursache und Wirkung
- Konsistenz der Beziehung über verschiedene Zeiträume oder Segmente
- Plausibilität eines kausalen Mechanismus
- Ausschluss möglicher Drittvariablen

Ein Controller nutzte diesen Ansatz, um die wahren Treiber von Fluktuation im Kundenservice zu identifizieren. Copilot entdeckte eine starke Korrelation zwischen Mitarbeiterfluktuation und Kundenbeschwerden. Durch gezielte Prompts zur kausalen Analyse wurde klar, dass nicht die Beschwerden die Fluktuation verursachten, sondern beide Faktoren durch einen dritten Treiber beeinflusst wurden: unzureichende Schulung neuer Mitarbeiter.

Die Visualisierung identifizierter Einflussfaktoren ist entscheidend für das Verständnis und die Kommunikation der Ergebnisse. Ich bitte Copilot regelmäßig um spezifische Visualisierungsformen wie:

- Korrelationsmatrizen für einen Überblick über alle Beziehungen
- Streudiagramme zur Darstellung von Beziehungen zwischen Variablen
- Heatmaps zur Identifikation von Mustern über Zeit oder Kategorien
- Baumdiagramme zur Darstellung der relativen Wichtigkeit von Faktoren

Diese visuellen Darstellungen helfen nicht nur beim eigenen Verständnis, sondern sind auch wertvoll für die Kommunikation mit Stakeholdern.

Die Integration der identifizierten Einflussfaktoren in Ihr prädiktives Modell erfordert eine sorgfältige Bewertung und Auswahl. Nicht alle statistisch signifikanten Faktoren sind praktisch relevant oder umsetzbar. Ich verwende ein einfaches Framework, um Copilot bei dieser Bewertung anzuleiten:

1. **Statistische Relevanz:** Wie stark ist der statistische Zusammenhang?
2. **Geschäftliche Bedeutung:** Wie wichtig ist dieser Faktor für unser Geschäftsverständnis?
3. **Datenverfügbarkeit:** Stehen Daten zu diesem Faktor regelmäßig und zuverlässig zur Verfügung?
4. **Beeinflussbarkeit:** Können wir diesen Faktor aktiv steuern oder beeinflussen?
5. **Implementierbarkeit:** Wie einfach können wir diesen Faktor in unser Modell integrieren?

Diese strukturierte Bewertung hilft, aus der Vielzahl identifizierter Faktoren diejenigen auszuwählen, die sowohl statistisch robust als auch praktisch wertvoll sind.

Die Identifikation potenzieller Einflussfaktoren mit Copilot ist kein einmaliger Prozess, sondern eine kontinuierliche Entdeckungsreise. Mit jedem neuen Datenpunkt und jeder Modellanpassung können sich neue Einsichten ergeben. Ich empfehle, regelmäßig zu überprüfen, ob die identifizierten Einflussfaktoren weiterhin relevant sind oder ob neue Faktoren an Bedeutung gewonnen haben.

Mit den richtigen Prompts und einem strukturierten Ansatz wird Copilot zu Ihrem unverzichtbaren Partner bei der Identifikation der Treiber, die wirklich zählen. In den nächsten Abschnitten werden wir darauf aufbauen und lernen, wie Sie diese

Einflussfaktoren in ein kohärentes prädiktives Modell integrieren können.

2.2 Einfache Prädiktive Beziehungen Generieren: Die Erste Prognose mit Copilot Erstellen

2.2.1 Copilots Vorschläge für Modellstrukturen Interpretieren

Die erste Begegnung mit einem von Copilot vorgeschlagenen prädiktiven Modell kann überwältigend wirken. Ich erinnere mich lebhaft an das Gefühl, als ich zum ersten Mal eine komplexe Modellstruktur von Copilot präsentiert bekam. Der Text beschrieb verschiedene Variablen, mathematische Beziehungen und statistische Konzepte. Mein erster Gedanke: "Wie übersetze ich das in eine praktische Excel-Anwendung?" Diese anfängliche Verwirrung ist normal und lässt sich mit einem strukturierten Interpretationsansatz schnell überwinden.

Die Kunst, Copilots Modellvorschläge zu verstehen und nutzbar zu machen, bildet den Kern dieses Abschnitts. Statt von komplexen statistischen Ausdrücken eingeschüchtert zu werden, zeige ich Ihnen, wie Sie diese in praktische Excel-Strukturen übersetzen können, die für Ihre geschäftlichen Anforderungen relevant sind.

Copilot generiert Modellvorschläge basierend auf den Mustern, die es in Ihren Daten erkennt, und den Anweisungen, die Sie gegeben haben. Diese Vorschläge folgen typischerweise einem von mehreren Grundmustern, die ich als "Modellarchetypen" bezeichne. Das Erkennen dieser Archetypen bildet den ersten Schritt, um die Vorschläge von Copilot effektiv zu interpretieren.

Die häufigsten Modellarchetypen, die Copilot vorschlägt, lassen sich in folgende Kategorien einteilen:

1. **Lineare Beziehungsmodelle:**

- Einfache direkte Zusammenhänge zwischen Variablen
- Darstellung durch Gleichungen der Form $y = ax + b$
- Geeignet für stabile, proportionale Beziehungen

2. **Multivariate Regressionsmodelle:**

- Berücksichtigung mehrerer Einflussfaktoren gleichzeitig
- Integration verschiedener Gewichtungen für unterschiedliche Faktoren
- Leistungsfähig für komplexere Geschäftszusammenhänge

3. **Zeitreihenmodelle:**

- Fokus auf zeitabhängige Muster wie Trends und Saisonalität
- Integration historischer Werte zur Zukunftsprognose
- Ideal für wiederkehrende Muster und zyklische Phänomene

4. **Kategoriale Modelle:**

- Berücksichtigung qualitativer Faktoren durch Gruppierung
- Segmentierung von Daten nach relevanten Kategorien
- Wertvoll für unterschiedliche Verhaltensmuster in verschiedenen Segmenten

5. **Hybridmodelle:**

- Kombination verschiedener Modelltypen für maximale Genauigkeit
- Integration von linearen und nicht-linearen Komponenten
- Anpassungsfähig an komplexe reale Szenarien

Ein Vertriebsleiter, mit dem ich zusammenarbeitete, erhielt von Copilot einen Vorschlag, der auf den ersten Blick komplex wirkte: "Ein multivariates Modell mit saisonaler Komponente, das Marketingausgaben mit einem Lag von zwei Monaten berücksichtigt und Preiselastizität als logarithmische Funktion integriert." Nach der Entschlüsselung erkannten wir, dass es sich um ein Hybridmodell handelte, das zeitverzögerte Marketingeffekte und nicht-lineare Preisreaktionen kombinierte.

Die Sprache, in der Copilot Modellstrukturen beschreibt, kann eine Mischung aus statistischen Fachbegriffen und allgemeinen Beschreibungen sein. Um diese Sprache zu entschlüsseln, habe ich ein systematisches Vorgehen entwickelt, das ich als "KLARE"-Methode bezeichne:

1. **K**ernaussage identifizieren:

   - Ermitteln Sie den grundlegenden Modelltyp
   - Identifizieren Sie die Hauptzielvariable und primären Einflussfaktoren
   - Verstehen Sie die grundlegende mathematische Beziehung

2. **L**iste der Variablen erstellen:

   - Notieren Sie alle erwähnten Einflussfaktoren
   - Ordnen Sie diese nach ihrer Bedeutung im Modell
   - Prüfen Sie, ob alle Variablen in Ihren Daten verfügbar sind

3. **A**rt der Beziehungen klären:

   - Bestimmen Sie, ob Beziehungen linear oder nicht-linear sind
   - Identifizieren Sie zeitverzögerte Effekte oder Schwellenwerte
   - Verstehen Sie Wechselwirkungen zwischen Variablen

4. **R**elevanz für das Geschäftsproblem prüfen:

- Bewerten Sie, ob das Modell Ihre spezifische Fragestellung adressiert
- Prüfen Sie die praktische Umsetzbarkeit in Excel
- Stellen Sie sicher, dass die Ergebnisse für Stakeholder verständlich sind

5. Excelprojektierung planen:

- Skizzieren Sie die benötigten Tabellenblätter und Strukturen
- Identifizieren Sie die erforderlichen Excel-Funktionen
- Planen Sie die Visualisierung der Ergebnisse

Ein Finanzanalyst nutzte diesen Ansatz, um einen komplexen Copilot-Vorschlag zur Cashflow-Prognose zu interpretieren. Statt von der Beschreibung "autoregressives integriertes Modell mit exogenen Variablen" überwältigt zu sein, extrahierte er die Kernaussage (Cashflow wird von historischen Werten und externen Faktoren beeinflusst), listete die relevanten Variablen auf und übersetzte dies in eine praktische Excel-Struktur.

Nach der Identifizierung des Modellarchetyps und der Entschlüsselung der Beschreibung folgt die Übersetzung in Excel-Strukturen. Jeder Modelltyp lässt sich in spezifische Excel-Elemente übersetzen:

1. **Für lineare Beziehungsmodelle:**

   - Einfache Formeln mit Multiplikation und Addition
   - Verwendung von Zellreferenzen für Variablen und Koeffizienten
   - Trendlinien in Diagrammen zur Visualisierung

2. **Für multivariate Modelle:**

   - Separate Spalten für jeden Einflussfaktor
   - Gewichtete Summenformeln für die Kombination der Faktoren
   - Datentabellen zur Sensitivitätsanalyse

3. **Für Zeitreihenmodelle:**

- Strukturierte Zeitachse mit konsistenten Intervallen
- Formeln für gleitende Durchschnitte oder Wachstumsraten
- Saisonale Indizes in separaten Spalten

4. **Für kategoriale Modelle:**

- WENN-Funktionen oder SVERWEIS für verschiedene Kategorien
- Separate Berechnungen für verschiedene Segmente
- Pivot-Tabellen zur Aggregation nach Kategorien

5. **Für Hybridmodelle:**

- Separate Tabellenblätter für verschiedene Modellkomponenten
- Zusammenführung der Teilergebnisse durch Referenzierung
- Kombinierte Visualisierungen für Gesamtergebnisse

Die Übersetzung statistischer Konzepte in Excel-Funktionen erfordert manchmal Kreativität. Ein häufiges Beispiel ist die Umsetzung logarithmischer Beziehungen. Wenn Copilot eine logarithmische Transformation vorschlägt, können Sie in Excel die LN-Funktion verwenden und diese in Ihre Formel integrieren. Bei zeitverzögerten Effekten lässt sich dies durch entsprechende Zellversätze in Ihrer Tabelle realisieren.

Ein besonders wichtiger Aspekt bei der Interpretation von Copilots Modellvorschlägen ist das Verständnis der Koeffizienten und Gewichtungen. Wenn Copilot beispielsweise angibt, dass "Marketingausgaben einen Koeffizienten von 0,3 haben", bedeutet dies, dass eine Erhöhung der Marketingausgaben um eine Einheit zu einer Erhöhung der Zielvariable um 0,3 Einheiten führt. Diese Koeffizienten bilden das Herzstück Ihres Excel-Modells und sollten in eigenen Zellen gespeichert werden, um einfache Anpassungen zu ermöglichen.

Bei einem Projekt für einen Einzelhändler erhielten wir von Copilot ein Modell mit verschiedenen Koeffizienten für unterschiedliche Marketingkanäle. Anstatt diese Werte direkt in Formeln einzutragen, erstellten wir eine separate Tabelle mit den Koeffizienten und referenzierten diese in den Formeln. Dies ermöglichte schnelle Szenarioanalysen und Feinabstimmungen ohne Änderung der Formelstruktur.

Ein oft übersehener Aspekt bei der Interpretation von Copilots Modellvorschlägen sind die impliziten Annahmen. Jedes Modell basiert auf Annahmen, die nicht immer explizit genannt werden. Typische implizite Annahmen sind:

- Die Beziehungen zwischen Variablen bleiben über Zeit stabil
- Es gibt keine wesentlichen, unberücksichtigten Einflussfaktoren
- Die Datenqualität ist konsistent und frei von systematischen Fehlern
- Es bestehen keine strukturellen Brüche oder fundamentale Änderungen

Diese Annahmen sollten Sie kritisch hinterfragen und explizit in Ihrem Excel-Modell dokumentieren. Eine gute Praxis ist die Erstellung eines separaten Tabellenblatts "Modellannahmen", in dem Sie alle Annahmen festhalten und gegebenenfalls kommentieren.

Die Interpretation komplexer statistischer Konzepte, die Copilot vorschlägt, kann eine Herausforderung darstellen. In solchen Fällen empfehle ich einen iterativen Dialog mit Copilot. Bitten Sie um Vereinfachung oder konkrete Beispiele zur Umsetzung in Excel. Ein produktiver Prompt könnte lauten: "Erkläre mir, wie ich das logarithmische Preismodell in einer Excel-Tabelle umsetzen kann. Gib mir ein konkretes Beispiel mit typischen Daten."

Die Visualisierung der von Copilot vorgeschlagenen Modellstrukturen bildet einen wertvollen Schritt zur besseren Interpretation. Ich erstelle oft einfache Diagramme, die die Beziehungen zwischen Variablen darstellen. Diese visuellen Hilfsmittel helfen nicht nur mir beim Verständnis, sondern sind auch wertvoll für die Kommunikation mit Stakeholdern, die möglicherweise keine Experten in prädiktiver Modellierung sind.

Eine bewährte Strategie zur praktischen Umsetzung von Copilots Vorschlägen ist der Aufbau eines Prototyps mit einem vereinfachten Datensatz. Erstellen Sie eine kleine Tabelle mit typischen Werten für alle Variablen und implementieren Sie die vorgeschlagene Modellstruktur. Dies ermöglicht Ihnen, das Modellverhalten zu beobachten und sicherzustellen, dass Sie die Logik korrekt verstanden haben, bevor Sie es auf Ihren vollständigen Datensatz anwenden.

Die Interpretation von Copilots Modellvorschlägen ist keine rein technische Aufgabe, sondern erfordert auch geschäftliches Urteilsvermögen. Nicht jeder statistisch signifikante Zusammenhang ist geschäftlich relevant. Beurteilen Sie die vorgeschlagenen Beziehungen kritisch aus Ihrer Domänenperspektive und scheuen Sie sich nicht, Copilot nach alternativen Modellstrukturen zu fragen, wenn die vorgeschlagenen nicht mit Ihrem Geschäftsverständnis übereinstimmen.

Im nächsten Abschnitt bauen wir auf dieser Interpretationsfähigkeit auf und lernen, wie wir die ersten Modellergebnisse validieren und auf Plausibilität prüfen können. Die Fähigkeit, Copilots Vorschläge korrekt zu interpretieren und in praktische Excel-Strukturen zu übersetzen, bildet das Fundament für zuverlässige prädiktive Modelle, die echten Geschäftswert liefern.

2.2.2 Erste Modellergebnisse auf Plausibilität Prüfen und Validieren

"Das sieht zu schön aus, um wahr zu sein." Diese Worte eines skeptischen Finanzvorstands hallten in meinem Kopf, als ich mein erstes Copilot-gestütztes Prognosemodell präsentierte. Sein Instinkt war richtig, denn bei näherer Betrachtung enthielt das Modell einen grundlegenden Fehler in der Saisonalitätsberechnung. Diese Erfahrung lehrte mich eine entscheidende Lektion: Selbst die intelligentesten KI-Systeme benötigen menschliche Urteilskraft zur Validierung ihrer Ergebnisse. Die Plausibilitätsprüfung ist kein optionaler letzter Schritt, sondern das Herzstück verantwortungsvoller prädiktiver Modellierung.

Nachdem Sie die Vorschläge von Copilot interpretiert und in Ihr Excel-Modell integriert haben, steht die kritische Phase der Validierung an. In dieser Phase geht es nicht darum, Ihr Modell zu verwerfen, sondern es zu stärken und Vertrauen in seine Ergebnisse aufzubauen. Die systematische Überprüfung der Plausibilität bildet den Unterschied zwischen einer theoretisch interessanten Übung und einem geschäftlich wertvollen Entscheidungsinstrument.

Die Validierung beginnt mit einem sorgfältigen Realitätsabgleich. Prädiktive Modelle können manchmal Ergebnisse liefern, die mathematisch korrekt, aber praktisch unrealistisch sind. Ein Vertriebsleiter erhielt beispielsweise eine Umsatzprognose, die ein sprunghaftes Wachstum von 40% vorhersagte, basierend auf einer starken Korrelation mit Marketingausgaben. Der Fehler lag nicht in der Korrelation selbst, sondern in der impliziten Annahme, dass diese lineare Beziehung unendlich skalierbar sei, ohne Marktsättigung oder abnehmende Renditen zu berücksichtigen.

Ein systematischer Validierungsprozess umfasst mehrere Dimensionen, die ich als "VIPER"-Methode bezeichne:

1. Vergangenheitsvergleich:

   - Testen Sie Ihr Modell mit historischen Daten
   - Prüfen Sie, ob es bekannte Muster korrekt reproduziert
   - Quantifizieren Sie die Abweichung zwischen Prognose und tatsächlichen Werten

2. Integritätsprüfung:

   - Überprüfen Sie auf innere Widersprüche im Modell
   - Stellen Sie sicher, dass alle Formeln korrekt implementiert sind
   - Prüfen Sie auf unbeabsichtigte Zirkelreferenzen oder Logikfehler

3. Plausibilitätsgrenzen:

   - Definieren Sie realistische Ober- und Untergrenzen für Ihre Zielwerte
   - Flaggen Sie automatisch Prognosen, die diese Grenzen überschreiten
   - Hinterfragen Sie besonders "günstige" Ergebnisse kritisch

4. Extrembedingungen-Test:

   - Simulieren Sie extreme Eingabewerte zur Stabilitätsprüfung
   - Beobachten Sie, ob das Modell plausibel auf drastische Änderungen reagiert
   - Identifizieren Sie potenzielle Bruchpunkte im Modell

5. Relevanzprüfung:

   - Bewerten Sie, ob das Modell geschäftlich relevante Einsichten liefert
   - Prüfen Sie, ob es die ursprüngliche Geschäftsfrage beantwortet

- Stellen Sie sicher, dass die Ergebnisse actionable sind

Ein Controller eines Einzelhandelsunternehmens wandte diese Methode auf sein Copilot-generiertes Kostenprognosemodell an. Der Vergangenheitsvergleich zeigte eine akzeptable Genauigkeit von ±5%. Die Integritätsprüfung deckte jedoch einen subtilen Fehler in der Behandlung von Fixkosten auf, der bei steigendem Volumen zu unrealistischen Skaleneffekten führte. Nach der Korrektur dieses Problems bestand das Modell auch die Plausibilitäts- und Extrembedingungstests.

Copilot kann selbst ein wertvoller Partner im Validierungsprozess sein. Mit den richtigen Prompts kann es Ihnen helfen, potenzielle Schwachstellen in Ihrem Modell zu identifizieren. Hier sind einige effektive Validierungs-Prompts, die ich regelmäßig verwende:

- "Überprüfe mein Prognosemodell in Tabelle X auf logische Fehler oder unplausible Annahmen."
- "Welche extremen Bedingungen könnten mein Modell an seine Grenzen bringen?"
- "Analysiere die historische Genauigkeit meines Modells für die letzten 12 Monate."
- "Identifiziere potenzielle Schwachstellen oder Bias in meinem Regressionsmodell."

Ein Finanzanalyst nutzte diese dialogische Validierungsmethode und war überrascht, als Copilot einen subtilen saisonalen Bias in seinem Umsatzprognosemodell entdeckte. Das Modell hatte unbewusst Daten aus einem atypischen Jahr als Basis verwendet, was zu systematischen Fehlprognosen für bestimmte Monate führte.

Eine besonders wertvolle Validierungstechnik ist die Durchführung von Back-Testing. Dabei teilen Sie Ihre historischen Daten in zwei Teile: einen Trainingssatz, mit dem das Modell erstellt wird, und einen Test-Satz, an dem die Genauigkeit überprüft wird. Diese

Methode gibt Ihnen ein realistisches Bild der Prognosefähigkeit Ihres Modells unter realen Bedingungen.

Ich halte diese Methode für so wichtig, dass ich sie in jedem prädiktiven Modell implementiere. In Excel können Sie dies einfach umsetzen, indem Sie Ihr Modell zunächst nur mit einem Teil Ihrer historischen Daten erstellen und dann die Prognosen mit den tatsächlichen Werten des zurückgehaltenen Datensatzes vergleichen. Copilot kann Ihnen helfen, diesen Prozess zu automatisieren und die Ergebnisse zu visualisieren.

Die Quantifizierung der Prognosegenauigkeit bildet einen weiteren wichtigen Aspekt der Validierung. Anstatt sich auf subjektive Einschätzungen wie "sieht gut aus" zu verlassen, sollten Sie klare metrische Maßstäbe anlegen. Hier sind die wichtigsten Kennzahlen, die ich für die Bewertung von Prognosemodellen empfehle:

1. **Mittlerer absoluter Fehler (MAE):**

   - Einfach zu verstehen und zu kommunizieren
   - Gibt die durchschnittliche Abweichung in absoluten Zahlen an
   - Ideal für Modelle, wo die Größenordnung des Fehlers wichtig ist

2. **Mittlerer prozentualer Fehler (MAPE):**

   - Misst die prozentuale Abweichung, unabhängig von der Größenordnung
   - Erleichtert den Vergleich verschiedener Modelle oder Zeiträume
   - Besonders nützlich für Umsatz- oder Mengenprognosen

3. **Bestimmtheitsmaß (R^2):**

   - Zeigt an, welcher Anteil der Varianz durch das Modell erklärt wird

- Werte näher an 1 deuten auf ein besseres Erklärungsmodell hin
- Hilfreich für multivariate Modelle

Ein Produktmanager eines E-Commerce-Unternehmens implementierte diese Kennzahlen für sein Copilot-generiertes Nachfrageprognosemodell. Der MAPE von 12% erschien zunächst akzeptabel, aber bei näherer Betrachtung zeigte sich, dass die Genauigkeit für Hochsaisonmonate deutlich schlechter war. Diese differenzierte Analyse führte zur gezielten Verbesserung des Modells für kritische Verkaufsperioden.

Die Visualisierung der Modellergebnisse im Vergleich zu historischen Daten stellt ein kraftvolles Werkzeug zur Plausibilitätsprüfung dar. Unser Gehirn ist darauf trainiert, visuelle Muster zu erkennen, und manchmal können wir Anomalien oder Probleme in einem Diagramm sofort erkennen, die in Zahlentabellen verborgen bleiben würden. Ich empfehle folgende Visualisierungsformen zur Validierung:

- Liniendiagramme mit prognostizierten und tatsächlichen Werten im Zeitverlauf
- Streudiagramme für prognostizierte versus tatsächliche Werte
- Heatmaps zur Identifikation von Mustern in Prognosefehlern
- Residuenplots zur Analyse systematischer Abweichungen

Eine Supply-Chain-Managerin nutzte diese Visualisierungstechniken für ihr Bestandsprognosemodell und entdeckte ein wiederkehrendes Muster: Das Modell unterschätzte systematisch die Nachfrage nach bestimmten Produktkategorien in den ersten zwei Wochen jedes Quartals. Diese visuelle Erkenntnis führte zur Integration eines Quartalszyklus-Faktors, der die Genauigkeit deutlich verbesserte.

Die Einbeziehung von Domänenexperten bildet einen oft übersehenen, aber entscheidenden Aspekt der Modellvalidierung. Während Copilot und Excel die mathematische Kohärenz sicherstellen können, ist menschliches Urteilsvermögen unersetzlich, um die geschäftliche Plausibilität zu bewerten. Ich praktiziere regelmäßig "Validierungs-Workshops", in denen Experten aus verschiedenen Bereichen die Modellergebnisse kritisch diskutieren.

Ein Controlling-Team eines Fertigungsunternehmens implementierte diesen Ansatz für sein Kostenprognosemodell. Ein Produktionsleiter identifizierte sofort, dass das Modell die Auswirkungen von Werksinstandhaltungen auf die Produktivität unterschätzte, während ein Einkaufsexperte auf fehlende Berücksichtigung neuer Lieferantenverträge hinwies. Diese qualitativen Einblicke waren ebenso wertvoll wie die quantitative Validierung.

Die systematische Dokumentation des Validierungsprozesses und seiner Ergebnisse bildet einen oft vernachlässigten, aber wichtigen Schritt. Ich erstelle für jedes prädiktive Modell ein Validierungsprotokoll, das folgende Elemente enthält:

- Durchgeführte Validierungstests und deren Ergebnisse
- Identifizierte Schwachstellen und implementierte Korrekturen
- Quantitative Genauigkeitsmetriken im Zeitverlauf
- Annahmen und Bedingungen, unter denen das Modell gültig ist
- Bekannte Einschränkungen und potenzielle Risikobereiche

Diese Dokumentation schafft nicht nur Transparenz, sondern dient auch als wertvolle Referenz für zukünftige Modellverbesserungen und hilft beim Aufbau von Vertrauen bei Stakeholdern.

Die Validierung sollte nicht als einmaliger Prozess, sondern als kontinuierliche Praxis betrachtet werden. Mit jedem neuen

Datenpunkt haben Sie die Möglichkeit, die Genauigkeit Ihres Modells zu überprüfen und gegebenenfalls Anpassungen vorzunehmen. Ich empfehle die Implementierung eines automatisierten Überwachungssystems in Excel, das regelmäßig die Prognosegenauigkeit bewertet und Sie auf signifikante Abweichungen hinweist.

Ein Finanzplaner richtete ein solches System für sein Cashflow-Prognosemodell ein. Jeden Monat verglich Excel automatisch die prognostizierten mit den tatsächlichen Werten und berechnete Genauigkeitsmetriken. Als die Pandemie zu drastischen Verhaltensänderungen führte, signalisierte das System sofort den Rückgang der Prognosegenauigkeit, was eine zeitnahe Anpassung des Modells ermöglichte.

Die erfolgreiche Validierung Ihres ersten prädiktiven Modells markiert einen entscheidenden Meilenstein auf Ihrer Reise zur prädiktiven Meisterschaft. Sie haben nicht nur ein funktionierendes Modell erstellt, sondern auch das notwendige kritische Denken entwickelt, um seine Stärken und Grenzen zu verstehen. Diese Fähigkeit wird sich als unschätzbar erweisen, wenn Sie im nächsten Kapitel lernen, wie Sie Ihre Modelle verfeinern und vertiefen können.

3. Modelle Verfeinern und Vertiefen: Genauigkeit mit Copilot-Feedback Steigern

Die Erschaffung Ihres ersten prädiktiven Modells markiert erst den Beginn Ihrer Reise zur analytischen Meisterschaft. Der wahre Wert eines Prognosemodells entfaltet sich in seiner kontinuierlichen Verfeinerung und Vertiefung. Meine ersten Modellversionen waren zwar funktional, lieferten jedoch oft nur oberflächliche Einsichten. Der entscheidende Durchbruch kam erst, als ich begann, systematisch Feedback zu integrieren und iterative Verbesserungszyklen zu durchlaufen. Diese Erfahrung bildet das Herzstück dieses Kapitels: Wie Sie durch gezieltes Copilot-Feedback die Genauigkeit Ihrer Excel-Modelle substanziell steigern können.

Die Kunst der Modellverfeinerung unterscheidet den Gelegenheitsanalysten vom strategischen Vordenker. Ein grundlegendes Prognosemodell mag bereits nützliche Erkenntnisse liefern, doch die wahre Stärke liegt in der schrittweisen Optimierung, der Berücksichtigung komplexerer Zusammenhänge und der intelligenten Integration verschiedener Einflussfaktoren. Mit Copilot als Ihrem analytischen Partner steht Ihnen ein leistungsstarkes Werkzeug zur Verfügung, um diese Verfeinerungsschritte effizienter und effektiver zu gestalten.

Meine Arbeit mit einem Vertriebsteam eines mittelständischen Unternehmens verdeutlichte den Wert dieser iterativen Verbesserung eindrücklich. Unser erstes Umsatzprognosemodell berücksichtigte grundlegende Faktoren wie saisonale Muster und historisches Wachstum. Nach mehreren Verfeinerungszyklen, in denen wir nicht-lineare Beziehungen, Wechselwirkungen zwischen Marketingkanälen und makroökonomische Indikatoren integrierten, verbesserte sich die Prognosegenauigkeit um beeindruckende 27%. Diese Transformation wäre ohne einen strukturierten Verfeinerungsprozess unmöglich gewesen.

In diesem Kapitel zeige ich Ihnen, wie Sie Ihre bestehenden prädiktiven Modelle systematisch verfeinern und vertiefen können, indem Sie das Feedback und die analytischen Fähigkeiten von Copilot nutzen. Wir werden zwei Hauptaspekte dieser Verfeinerung erkunden: die iterative Modellverbesserung durch gezielten Copilot-Dialog und den Umgang mit Komplexität durch die intelligente Integration multipler Einflussfaktoren.

Die iterative Modellverbesserung bildet den ersten Schwerpunkt unserer Betrachtung. Ähnlich wie ein Bildhauer, der schrittweise feinere Details in sein Werk meißelt, werden Sie lernen, wie Sie durch gezielte Copilot-Interaktionen Ihr Modell kontinuierlich verfeinern können. Dieser Dialog mit Copilot eröffnet neue Perspektiven und hilft Ihnen, verborgene Muster und Zusammenhänge zu entdecken, die mit traditionellen Excel-Methoden schwer zu erkennen wären.

Ein kritischer Aspekt dieser iterativen Verbesserung ist das Testen von Modellannahmen. Jedes prädiktive Modell basiert auf bestimmten Annahmen, die seine Gültigkeit und Genauigkeit beeinflussen. Durch gezielte Prompts können Sie Copilot nutzen, um diese Annahmen systematisch zu überprüfen und zu validieren. Dies ist besonders wertvoll für Annahmen bezüglich der Beziehung zwischen verschiedenen Variablen oder der Stabilität bestimmter Muster über Zeit.

Ein Finanzcontroller eines Produktionsunternehmens nutzte diesen Ansatz, um die Annahme zu testen, dass Materialkosten linear mit dem Produktionsvolumen steigen. Durch gezielte Copilot-Abfragen entdeckte er, dass diese Beziehung tatsächlich nicht-linear war, mit Schwellenwerten bei bestimmten

Produktionsmengen, die zu Skaleneffekten führten. Diese Erkenntnis führte zu einer wesentlich präziseren Kostenprognose und ermöglichte eine optimierte Produktionsplanung.

Ein zweiter entscheidender Aspekt der iterativen Verbesserung ist die Erkundung nicht-linearer Muster und saisonaler Effekte. Die Realität wirtschaftlicher und betrieblicher Prozesse ist selten linear. Saisonale Schwankungen, Schwellenwerteffekte und exponentielle Beziehungen prägen viele Geschäftsdynamiken. Mit Copilot können Sie diese komplexeren Muster identifizieren und in Ihre Excel-Modelle integrieren, ohne sich in statistischer Komplexität zu verlieren.

Eine Marketingmanagerin nutzte diesen Ansatz, um die Wirksamkeit verschiedener Werbekanäle besser zu verstehen. Anstatt von einer konstanten Wirkung auszugehen, entdeckte sie mit Copilots Hilfe, dass digitale Marketingausgaben einem Gesetz des abnehmenden Grenznutzens folgten, während traditionelle Medien einen verzögerten, aber langanhaltenden Effekt zeigten. Diese differenziertere Betrachtung führte zu einer optimierten Budgetallokation und höheren Kampagnen-ROIs.

Der zweite Hauptschwerpunkt dieses Kapitels widmet sich dem Umgang mit Komplexität durch die intelligente Integration multipler Einflussfaktoren. Die meisten geschäftlichen Kennzahlen werden von verschiedenen, miteinander interagierenden Faktoren beeinflusst. Die Kunst besteht darin, diese Komplexität handhabbar zu machen, ohne in Überanpassung oder unnötige Kompliziertheit zu verfallen.

Eine zentrale Herausforderung dabei ist die Analyse der Abhängigkeiten zwischen verschiedenen Treibern. Faktoren, die Ihre Zielvariable beeinflussen, wirken selten isoliert. Sie interagieren miteinander, verstärken oder dämpfen gegenseitig ihre Wirkung. Mit Copilot können Sie diese Wechselwirkungen systematisch untersuchen und in Ihr Modell integrieren. Dies führt zu einem tieferen Verständnis der zugrundeliegenden Dynamiken und präziseren Prognosen.

Ein Supply-Chain-Manager nutzte diesen Ansatz, um die komplexen Wechselwirkungen zwischen Lieferzeiten, Bestellmengen und Lagerkosten zu analysieren. Die Entdeckung, dass die Auswirkung von Bestellmengen auf Lieferzeiten stark von der Saison und dem Lieferantenstandort abhängt, führte zu einer differenzierteren Bestandsstrategie und signifikanten Kosteneinsparungen.

Ein weiterer wichtiger Aspekt beim Umgang mit Komplexität ist der Vergleich und die Auswahl verschiedener Modellvarianten. Mit zunehmender Verfeinerung werden Sie möglicherweise mehrere alternative Modellstrukturen entwickeln, jede mit ihren eigenen Stärken und Einschränkungen. Copilot kann Ihnen helfen, diese Varianten systematisch zu vergleichen und die für Ihren spezifischen Anwendungsfall am besten geeignete auszuwählen.

Die Verfeinerung Ihrer Modelle mit Copilot folgt einem strukturierten Prozess, den ich als "REFINE"-Methode bezeichne:

1. **Reflektieren**: Bewerten Sie die Stärken und Schwächen Ihres aktuellen Modells

   - Identifizieren Sie Bereiche mit den größten Abweichungen
   - Dokumentieren Sie Situationen, in denen das Modell besonders gut oder schlecht funktioniert
   - Formulieren Sie konkrete Verbesserungshypothesen

2. **Explorieren**: Untersuchen Sie alternative Modellstrukturen und Beziehungen

   - Testen Sie verschiedene mathematische Beziehungen (linear, exponentiell, logarithmisch)
   - Experimentieren Sie mit Zeitverzögerungen und gleitenden Durchschnitten

- Prüfen Sie die Relevanz zusätzlicher Variablen
3. **F**einabstimmen: Optimieren Sie die Parameter Ihres Modells

  - Justieren Sie Gewichtungen für verschiedene Einflussfaktoren
  - Kalibrieren Sie Schwellenwerte und Übergangspunkte
  - Passen Sie saisonale Faktoren und Zeitfenster an
4. **I**ntegrieren: Kombinieren Sie erfolgreiche Elemente verschiedener Ansätze

  - Verbinden Sie komplementäre Modellelemente
  - Entwickeln Sie hybride Strukturen für verschiedene Segmente oder Zeiträume
  - Verbessern Sie die Robustheit durch methodische Diversifikation
5. **N**achverfolgen: Messen und dokumentieren Sie Verbesserungen

  - Quantifizieren Sie Genauigkeitsgewinne
  - Dokumentieren Sie Lektionen aus dem Verfeinerungsprozess
  - Erstellen Sie Benchmark-Vergleiche mit früheren Versionen
6. **E**valuieren: Bewerten Sie die praktische Anwendbarkeit des verfeinerten Modells

  - Prüfen Sie die Balance zwischen Komplexität und Nutzen
  - Testen Sie die Intuitivität und Kommunizierbarkeit
  - Stellen Sie die Robustheit unter verschiedenen Bedingungen sicher

Diese methodische Herangehensweise hilft Ihnen, den Verfeinerungsprozess strukturiert und zielgerichtet zu gestalten.

Anstatt zufällig verschiedene Änderungen auszuprobieren, folgen Sie einem systematischen Pfad zur Modellverbesserung.

Ein besonderer Vorteil von Copilot im Kontext der Modellverfeinerung ist seine Fähigkeit, als "Sparringspartner" für Ihre analytischen Überlegungen zu dienen. Durch gezieltes Hinterfragen, alternative Perspektiven und die Identifikation potenzieller Blindspots hilft Ihnen Copilot, Ihre eigenen Annahmen kritisch zu reflektieren und neue Verbesserungsmöglichkeiten zu entdecken.

Die Verfeinerung Ihrer Modelle ist keine einmalige Aufgabe, sondern ein kontinuierlicher Prozess. Mit jedem Zyklus lernen Sie mehr über die zugrundeliegenden Dynamiken Ihrer Geschäftsprozesse und entwickeln ein immer nuancierteres Verständnis der Faktoren, die Ihre Zielvariablen beeinflussen. Diese kontinuierliche Lernkurve ist vielleicht der wertvollste Aspekt des gesamten Modellierungsprozesses.

In den folgenden Abschnitten werden wir tiefer in die spezifischen Techniken und Methoden eintauchen, mit denen Sie Copilot für diese Verfeinerung und Vertiefung Ihrer prädiktiven Modelle nutzen können. Sie werden lernen, wie Sie gezielt Annahmen testen, nicht-lineare Muster erkunden, Abhängigkeiten zwischen Treibern analysieren und verschiedene Modellvarianten vergleichen können. Jeder dieser Schritte wird mit praktischen Beispielen, konkreten Prompts und anwendbaren Excel-Techniken illustriert, damit Sie das Gelernte direkt in Ihren eigenen Projekten umsetzen können.

Die Reise zur prädiktiven Meisterschaft ist ein kontinuierlicher Weg des Lernens und der Verfeinerung. Mit jedem Iterationsschritt verbessern Sie nicht nur Ihr Modell, sondern auch Ihr eigenes Verständnis der Dynamiken, die Ihr Geschäft antreiben. Diese vertiefte Einsicht ist ein wertvolles strategisches Asset, das über die reine Prognosegenauigkeit hinausgeht und Ihnen hilft, fundiertere Entscheidungen zu treffen und Ihr Unternehmen erfolgreich durch eine komplexe und sich ständig verändernde Geschäftswelt zu navigieren.

3.1 Iterative Modellverbesserung: Durch Copilot-Dialog zur Besseren Prognose

3.1.1 Copilot zum Testen von Modellannahmen Nutzen

Die Qualität eines prädiktiven Modells steht und fällt mit seinen grundlegenden Annahmen. Diese Erkenntnis traf mich mit voller Wucht, als ein sorgfältig entwickeltes Umsatzprognosemodell plötzlich dramatisch von den tatsächlichen Werten abwich. Bei der Fehleranalyse entdeckte ich, dass eine implizite Annahme zur Preiselastizität schlicht falsch war. Seit diesem prägenden Erlebnis teste ich systematisch alle Modellannahmen, bevor ich Prognosen vertraue. Mit Copilot als intelligentem Dialogpartner können Sie diesen kritischen Prozess erheblich beschleunigen und vertiefen.

Jedes prädiktive Modell basiert auf Annahmen, viele davon unbewusst getroffen. Denken Sie an einen Eisberg: Die sichtbaren Formeln und Visualisierungen bilden nur die Spitze, während die meist unsichtbaren Annahmen das massive Fundament darunter bilden. Diese Annahmen können verschiedene Formen annehmen, von einfachen linearen Beziehungen bis hin zu komplexen Interdependenzen zwischen verschiedenen Faktoren. Das systematische Testen dieser Annahmen mit Copilot kann die Genauigkeit Ihrer Prognosen drastisch verbessern.

Der Dialog mit Copilot zum Testen von Modellannahmen folgt einem strukturierten Prozess, den ich als "PRISM"-Methode bezeichne. Diese Methode hat mir geholfen, verborgene Schwachstellen in zahlreichen Prognosemodellen aufzudecken:

1. **P**räzise Identifikation der Annahmen:

    - Dokumentieren Sie alle expliziten und impliziten Annahmen Ihres Modells

- Kategorisieren Sie diese nach Wichtigkeit und Unsicherheitsgrad
- Priorisieren Sie Annahmen mit dem größten potenziellen Einfluss auf das Ergebnis

2. **R**obustheitsprüfung durch Grenzwertanalyse:

   - Testen Sie extreme Werte für Schlüsselvariablen
   - Prüfen Sie die Modellreaktion auf ungewöhnliche Kombinationen von Eingabewerten
   - Identifizieren Sie Bruchpunkte oder Inkonsistenzen im Modellverhalten

3. **I**nterne Konsistenzprüfung:

   - Überprüfen Sie die Widerspruchsfreiheit zwischen verschiedenen Annahmen
   - Testen Sie die logische Kohärenz der Modellstruktur
   - Suchen Sie nach unbeabsichtigten Zirkelschlüssen oder Redundanzen

4. **S**ensitivitätsanalyse:

   - Quantifizieren Sie die Auswirkungen von Änderungen der Annahmen
   - Identifizieren Sie die einflussreichsten Parameter
   - Bestimmen Sie kritische Schwellenwerte für Schlüsselannahmen

5. **M**ehrperspektivische Validierung:

   - Testen Sie alternative Erklärungsmodelle für dieselben Daten
   - Prüfen Sie unterschiedliche funktionale Beziehungen (linear, exponentiell, logarithmisch)
   - Vergleichen Sie verschiedene methodische Ansätze

Ein Finanzcontroller nutzte diese Methode, um ein Kundenbindungsmodell zu testen. Die PRISM-Analyse deckte auf, dass die zentrale Annahme eines linearen Zusammenhangs zwischen Kundenzufriedenheit und Verweildauer nicht haltbar war. Tatsächlich existierte ein Schwellenwert, unterhalb dessen die Abwanderungsrate dramatisch anstieg. Diese Erkenntnis führte zu einer verfeinerten Segmentierungsstrategie und deutlich präziseren Prognosen.

Die Implementierung der PRISM-Methode mit Copilot erfordert präzise Prompts. Hier sind konkrete Beispiele, die Sie für jeden Schritt verwenden können:

- Für die Identifikation impliziter Annahmen: "Analysiere mein Excel-Modell in Tabelle X und identifiziere alle impliziten Annahmen bezüglich des Zusammenhangs zwischen Variable A und B."

- Für die Robustheitsprüfung: "Teste die Reaktion meines Modells auf extreme Werte: Was passiert, wenn Variable X um 50% steigt oder 30% fällt?"

- Für die Konsistenzprüfung: "Prüfe, ob die Annahmen in Zellen A10 und C15 miteinander vereinbar sind oder ob potenzielle logische Widersprüche bestehen."

- Für die Sensitivitätsanalyse: "Welche der folgenden Annahmen hat den größten Einfluss auf das Endergebnis? Erstelle eine Rangfolge mit quantitativer Bewertung."

- Für die mehrperspektivische Validierung: "Schlage drei alternative Modellstrukturen vor, die dieselben Daten erklären könnten, aber auf anderen Grundannahmen basieren."

Die Qualität der Copilot-Antworten hängt stark von der Präzision Ihrer Prompts ab. Je spezifischer Sie Ihre Anfragen formulieren, desto wertvoller werden die Ergebnisse. Geben Sie Copilot Kontext über die Natur Ihrer Daten, den Geschäftszweck des Modells und die bereits getroffenen Annahmen.

Ein besonders wertvoller Aspekt der Zusammenarbeit mit Copilot ist die Identifikation verborgener Muster und Zusammenhänge, die Ihre Annahmen in Frage stellen könnten. Während traditionelle Excel-Funktionen nur die Beziehungen analysieren können, die Sie explizit definieren, kann Copilot Ihren gesamten Datensatz auf unerwartete Muster untersuchen.

Ein Produktionscontroller nutzte diesen Ansatz, um die Annahme zu testen, dass Produktionskosten primär vom Volumen abhängen. Copilot entdeckte, dass die Produktionsuhrzeit ein noch stärkerer Prädiktor war, da nachts produzierte Einheiten konstant niedrigere Fehlerraten aufwiesen. Diese unerwartete Erkenntnis führte zu einer Neuausrichtung des Schichtplans und einer Verbesserung der Kostenprognosegenauigkeit um 18%.

Die systematische Dokumentation aller getesteten Annahmen bildet einen kritischen Schritt in diesem Prozess. Ich empfehle die Erstellung eines speziellen Tabellenblatts in Ihrer Excel-Datei, das folgende Elemente enthält:

- Eine klare Beschreibung jeder Annahme
- Die ursprüngliche Begründung für diese Annahme
- Das Ergebnis des Tests mit Copilot
- Eine Bewertung der Zuverlässigkeit (hoch, mittel, niedrig)
- Potenzielle Alternativen oder Verfeinerungen
- Auswirkungen auf das Gesamtmodell bei Änderung

Diese Dokumentation schafft nicht nur Transparenz, sondern dient auch als wertvolle Ressource für zukünftige Modellverbesserungen und als Wissensarchiv für Ihr Team.

Das Testen von Annahmen mit Copilot ist kein einmaliger Prozess, sondern sollte integraler Bestandteil Ihres kontinuierlichen Verbesserungszyklus sein. Mit jedem neuen Datenpunkt haben Sie die Möglichkeit, Ihre Annahmen zu überprüfen und zu verfeinern. Dieser iterative Ansatz führt zu immer robusteren und präziseren Modellen.

Eine strategische Herangehensweise für komplexere Modelle besteht darin, Annahmen in hierarchische Ebenen zu gliedern:

1. **Fundamentale Annahmen:**

   - Betreffen die grundlegende Struktur des Modells
   - Beispiel: "Umsatz wird primär von Preis und Marketingausgaben beeinflusst"
   - Sollten zuerst und besonders gründlich getestet werden

2. **Funktionale Annahmen:**

   - Betreffen die Art der Beziehungen zwischen Variablen
   - Beispiel: "Die Beziehung zwischen Preis und Nachfrage ist logarithmisch"
   - Erfordern spezifische Tests zu verschiedenen funktionalen Formen

3. **Parametrische Annahmen:**

   - Betreffen spezifische Koeffizienten oder Gewichtungen
   - Beispiel: "Der Elastizitätskoeffizient beträgt -0,7"
   - Können durch Sensitivitätsanalysen getestet werden

4. **Kontextuelle Annahmen:**

   - Betreffen Randbedingungen oder externe Faktoren
   - Beispiel: "Das Wettbewerbsumfeld bleibt stabil"
   - Erfordern Szenarioanalysen mit verschiedenen Kontextbedingungen

Diese Hierarchie hilft, den Testprozess zu strukturieren und die wichtigsten Annahmen zuerst zu adressieren.

Die Herausforderung beim Testen von Annahmen liegt oft in der Überprüfung von Beziehungen, die nicht direkt beobachtbar sind oder für die begrenzte Daten vorliegen. Hier kann Copilot besonders wertvoll sein, indem es hypothetische Szenarien generiert und deren Plausibilität bewertet.

Ein Marketing-Manager nutzte diesen Ansatz, um die Annahme zu testen, dass digitale Werbung einen nachhaltigen Effekt über mehrere Monate hat. Da historische Daten mit isolierten Effekten fehlten, bat er Copilot, verschiedene Decay-Funktionen zu simulieren und mit den aggregierten Umsatzdaten abzugleichen. Diese Analyse offenbarte, dass der tatsächliche Effekt deutlich kurzlebiger war als angenommen, was zu einer Neugestaltung der Kampagnenzyklen führte.

Ein häufig übersehener Aspekt beim Testen von Annahmen ist die Berücksichtigung von Interaktionseffekten. Viele Modelle behandeln Einflussfaktoren als unabhängig, obwohl in der Realität komplexe Wechselwirkungen bestehen können. Mit Copilot können Sie diese Interaktionen systematisch untersuchen:

- "Analysiere mögliche Interaktionseffekte zwischen den Variablen X und Y in meinem Modell."
- "Besteht eine Abhängigkeit der Wirkung von Faktor A vom Niveau von Faktor B?"
- "Erstelle eine Heatmap der Korrelationen zwischen allen Inputvariablen, um potenzielle Interaktionen zu identifizieren."

Ein Supply-Chain-Manager entdeckte durch diesen Ansatz, dass die Annahme unabhängiger Lieferzeiten für verschiedene Materialien nicht haltbar war. Tatsächlich existierte eine starke gegenseitige Abhängigkeit bei Lieferanten aus derselben Region. Die Integration dieser Erkenntnis in das Prognosemodell verbesserte die Planungsgenauigkeit erheblich.

Die Einbeziehung externer Daten und Expertenmeinungen stellt einen weiteren wertvollen Aspekt beim Testen von Annahmen dar. Copilot kann Ihnen helfen, Ihre internen Annahmen mit externen Referenzpunkten abzugleichen:

- "Vergleiche meine Annahme X mit typischen Branchenbenchmarks."
- "Sind meine Wachstumsannahmen konsistent mit aktuellen Marktprognosen?"
- "Liegen meine Parameter im typischen Bereich für Unternehmen meiner Größe und Branche?"

Die Stärke dieser Methode liegt in ihrer Fähigkeit, interne Verzerrungen zu korrigieren und blinde Flecken aufzudecken. Ein Finanzanalyst stellte fest, dass seine Annahmen zu Zinsänderungen deutlich optimistischer waren als der Marktkonsens. Diese Erkenntnis führte zu einer konservativeren Finanzplanung, die sich später als wesentlich realistischer erwies.

Die Visualisierung von Annahmen und ihren Auswirkungen stellt ein kraftvolles Werkzeug dar, um Ihr Verständnis zu vertiefen und die Kommunikation mit Stakeholdern zu verbessern. Bitten Sie Copilot, verschiedene Visualisierungen zu generieren:

- "Erstelle ein Tornado-Diagramm, das die Sensitivität des Ergebnisses auf verschiedene Annahmen zeigt."
- "Visualisiere die Auswirkungen unterschiedlicher funktionaler Beziehungen zwischen X und Y."
- "Generiere einen Entscheidungsbaum, der zeigt, wie sich verschiedene Annahmen auf den prognostizierten Outcome auswirken."

Diese Visualisierungen helfen nicht nur Ihnen, die Implikationen verschiedener Annahmen besser zu verstehen, sondern dienen auch als wertvolle Kommunikationsmittel, um Entscheidungsträger von der Notwendigkeit bestimmter Modellanpassungen zu überzeugen.

Die Nutzung von Copilot zum Testen von Modellannahmen transformiert diesen Prozess von einer lästigen Pflichtübung zu einem dynamischen Dialog, der tiefe Einblicke in die Funktionsweise Ihres Modells liefert. Mit jedem Test gewinnen Sie nicht nur an Vertrauen in Ihre Prognosen, sondern auch an Verständnis für die zugrundeliegenden Mechanismen, die Ihre Geschäftsergebnisse beeinflussen.

3.1.2 NICHT-LINEARE MUSTER UND SAISONALITÄT MIT COPILOT ERKUNDEN

Die Erkenntnis traf mich wie ein Blitz, als ich die Verkaufsdaten eines Elektronikfachhändlers analysierte. Mein lineares Prognosemodell hatte monatelang gute Dienste geleistet, doch plötzlich begannen die Abweichungen dramatisch zu wachsen. Der Grund? Die Realität folgte keinem linearen Muster. Diese schmerzhafte Lektion lehrte mich, dass die meisten wirtschaftlichen und betrieblichen Phänomene inhärent nicht-linear sind und oft von saisonalen Mustern überlagert werden. Mit Copilot haben Sie nun ein mächtiges Werkzeug an Ihrer Seite, um diese komplexeren Muster zu identifizieren und in Ihre Excel-Modelle zu integrieren.

Lineare Modelle sind verlockend einfach. Sie suggerieren eine direkte, proportionale Beziehung zwischen Ursache und Wirkung: Mehr Marketing führt zu mehr Umsatz, höhere Produktion zu niedrigeren Stückkosten. Doch die Geschäftswelt ist selten so geradlinig. In Wirklichkeit stoßen wir auf abnehmende Grenzerträge, Schwellenwerteffekte, exponentielle Wachstumsphasen und zyklische Muster. Diese Komplexität zu ignorieren bedeutet, sich mit systematischen Fehlprognosen abzufinden.

Die Exploration nicht-linearer Muster mit Copilot beginnt mit der richtigen Fragestellung. Anstatt anzunehmen, dass Beziehungen linear sind, sollten Sie Copilot explizit um die Untersuchung verschiedener funktionaler Formen bitten. Ein präziser Prompt könnte lauten: "Analysiere die Beziehung zwischen Marketingausgaben und Umsatz in meiner Tabelle und prüfe, ob diese linear, logarithmisch, exponentiell oder anderweitig nicht-linear ist. Visualisiere die verschiedenen Modelle und empfiehl die am besten passende Form."

Ein Supply-Chain-Manager nutzte diesen Ansatz, um die Beziehung zwischen Bestellmengen und Lieferzeiten zu untersuchen. Copilot enthüllte, dass die Beziehung nicht linear, sondern stufenförmig war, mit deutlichen Sprüngen bei bestimmten Schwellenwerten. Diese Erkenntnis führte zu einer optimierten Bestellstrategie, die die Schwellenwerte gezielt berücksichtigte und dadurch Lieferzeiten signifikant verbesserte.

Die Erkennung von Schwellenwerteffekten bildet einen besonders wertvollen Aspekt nicht-linearer Analyse. Viele Geschäftsprozesse zeigen Verhaltensänderungen jenseits bestimmter Grenzen. Mit Copilot können Sie diese Schwellen systematisch identifizieren:

1. **Datensegmentierung anregen:**

   - Bitten Sie Copilot, Ihre Daten in verschiedene Segmente zu unterteilen und die Beziehungen innerhalb jedes Segments zu analysieren
   - Lassen Sie potenzielle Bruchpunkte oder Schwellenwerte identifizieren
   - Vergleichen Sie die Modellparameter über verschiedene Segmente hinweg

2. **Changepoint-Analyse durchführen:**

   - Fordern Sie Copilot auf, signifikante Änderungen im Datenmuster zu erkennen
   - Lassen Sie die statistische Signifikanz dieser Veränderungen bewerten
   - Bitten Sie um die Visualisierung der identifizierten Changepoints

3. **Stufenweise Modellierung implementieren:**

   - Nutzen Sie die identifizierten Schwellenwerte, um bedingte Modelle zu erstellen

- Integrieren Sie WENN-Funktionen in Excel, um unterschiedliche Berechnungsmethoden je nach Wertebereich anzuwenden
- Kombinieren Sie mehrere Teilmodelle zu einem kohärenten Ganzen

Eine Finanzanalystin entdeckte mit dieser Methode, dass der Zusammenhang zwischen Werbeausgaben und Neukundengewinnung bei einem bestimmten Budget-Schwellenwert abrupt abflachte. Diese Erkenntnis half ihr, das optimale Marketingbudget zu identifizieren, jenseits dessen jeder zusätzliche Euro deutlich geringere Wirkung zeigte.

Exponentielle Wachstumsmuster stellen eine weitere wichtige nicht-lineare Beziehung dar, die in vielen Geschäftskontexten auftritt. Von Viralen Marketingkampagnen bis zu Netzwerkeffekten bei digitalen Produkten, exponentielle Dynamiken können sowohl Chancen als auch Risiken bergen. Copilot hilft Ihnen, diese Muster zu erkennen und zu modellieren:

- "Analysiere, ob unsere Kundenwachstumsdaten einem exponentiellen Muster folgen. Wenn ja, bestimme die Wachstumsrate und prognostiziere die Entwicklung für die nächsten 12 Monate."

- "Untersuche, ob unsere Produktionskosten mit steigender Stückzahl exponentiell sinken und identifiziere den Punkt, an dem Skaleneffekte nachlassen."

Die Integration exponentieller Beziehungen in Excel-Modelle kann durch verschiedene Funktionen erfolgen, darunter POTENZ(), EXP() oder logarithmische Transformationen. Copilot kann Ihnen helfen, die passende Formelstruktur zu erstellen und in Ihr bestehendes Modell zu integrieren.

Ein Produktmanager eines SaaS-Unternehmens nutzte diesen Ansatz, um das Wachstum seiner Nutzerbasis zu modellieren. Das exponentielle Modell, das Copilot vorschlug, berücksichtigte den

Netzwerkeffekt der Plattform und prognostizierte eine Wachstumsbeschleunigung, die das lineare Modell drastisch unterschätzt hätte. Diese Erkenntnis führte zu einer ambitionierteren, aber realistischeren Ressourcenplanung.

Neben nicht-linearen Beziehungen spielen saisonale Muster eine entscheidende Rolle in vielen Geschäftskontexten. Von Einzelhandelsverkäufen über Energieverbrauch bis hin zu Personalanforderungen, saisonale Schwankungen können erheblichen Einfluss auf Ihre Kennzahlen haben. Die Identifikation und Integration dieser Muster verbessert die Prognosegenauigkeit dramatisch.

Die Exploration saisonaler Muster mit Copilot folgt einem systematischen Prozess:

1. **Saisonale Komponenten identifizieren:**

   - Bitten Sie Copilot um eine Zerlegung Ihrer Zeitreihe in Trend, Saison und Residuen
   - Lassen Sie verschiedene Zeiträume (wöchentlich, monatlich, quartalsweise) auf saisonale Effekte untersuchen
   - Fordern Sie die Visualisierung der saisonalen Komponente an

2. **Mustercharakteristik analysieren:**

   - Lassen Sie die Amplitude und Periodizität der saisonalen Schwankungen quantifizieren
   - Bitten Sie um eine Analyse der Stabilität des Musters über verschiedene Jahre
   - Untersuchen Sie potenzielle Verschiebungen im saisonalen Muster

3. **Saisonalität in Prognosemodelle integrieren:**

   - Nutzen Sie saisonale Indizes als Multiplikatoren in Ihrem Modell

- Implementieren Sie saisonale Dummy-Variablen für spezifische Zeiträume
- Integrieren Sie identifizierte Muster in Ihre Excel-Formeln

Ein Controller eines Energieunternehmens nutzte diesen Ansatz, um den Gasverbrauch zu modellieren. Copilot identifizierte nicht nur die offensichtliche Saisonalität durch Jahreszeiten, sondern auch ein wöchentliches Muster und einen "Feiertagseffekt". Die Integration dieser mehrschichtigen Saisonalität verbesserte die Prognosegenauigkeit um beeindruckende 35%.

Die Kombination nicht-linearer Beziehungen und saisonaler Muster eröffnet eine neue Dimension der Modellkomplexität. Während diese Kombination mit traditionellen Excel-Techniken schwer zu handhaben wäre, ermöglicht Copilot einen integrierten Ansatz:

- "Analysiere, ob die Beziehung zwischen Temperatur und Eisverkäufen nicht-linear ist und zusätzlich von saisonalen Faktoren überlagert wird. Erstelle ein kombiniertes Modell, das beide Aspekte berücksichtigt."

- "Untersuche, ob unsere Kundenfluktuation sowohl saisonalen Mustern folgt als auch nicht-linear von der Kundendienstqualität abhängt. Modelliere diese komplexe Beziehung."

Die visuelle Darstellung komplexer Muster bildet einen unverzichtbaren Schritt im Verständnis- und Modellierungsprozess. Copilot kann verschiedene Visualisierungsformen generieren, die Ihnen helfen, nicht-lineare und saisonale Zusammenhänge besser zu erfassen:

- Heatmaps zur Darstellung saisonaler Muster über mehrere Jahre
- 3D-Oberflächendiagramme für bivariate nicht-lineare Beziehungen

- Streudiagramme mit nicht-linearen Trendlinien verschiedener funktionaler Formen
- Saisonplots zur direkten Gegenüberstellung ähnlicher Saisonabschnitte

Der iterative Dialog mit Copilot bildet das Herzstück der nicht-linearen Exploration. Während Ihre ersten Entdeckungen möglicherweise grundlegende Muster offenbaren, können gezielte Nachfragen tiefere Einblicke liefern:

- "Welche spezifischen Ereignisse oder Faktoren könnten die Abweichungen vom saisonalen Muster in Q3 2023 erklären?"
- "Sind die nicht-linearen Beziehungen stabil über verschiedene Kundensegmente oder variieren sie signifikant?"
- "Gibt es Interaktionseffekte zwischen der saisonalen Komponente und der nicht-linearen Beziehung?"

Ein Marketing-Analyst nutzte diesen iterativen Ansatz, um die komplexe Beziehung zwischen digitalen Marketingausgaben und Conversions zu verstehen. Der Dialog mit Copilot enthüllte, dass die Effektivität nicht nur einer logarithmischen Kurve folgte (abnehmender Grenznutzen), sondern auch saisonal variierte, mit höherer Wirksamkeit während spezifischer Ereignisphasen im Jahr.

Die praktische Umsetzung nicht-linearer und saisonaler Modelle in Excel erfordert eine durchdachte Strukturierung. Ich empfehle folgenden Aufbau:

1. **Datenblatt:**

    - Rohdaten in strukturierter Form
    - Klare Zeitstempel für Zeitreihenanalysen
    - Keine Berechnungen oder Formeln
2. **Analyseblatt:**

    - Zerlegung der Zeitreihen in Komponenten

- Identifikation funktionaler Formen
- Parameterschätzungen für verschiedene Modelltypen

3. **Modellblatt:**

- Implementierung der identifizierten nicht-linearen Funktionen
- Integration saisonaler Indizes oder Faktoren
- Kombination verschiedener Modellkomponenten

4. **Prognoseblatt:**

- Anwendung des kalibrierten Modells auf neue Situationen
- Vergleich verschiedener Modellvarianten
- Visualisierung der Prognoseergebnisse

Die Verfeinerung Ihrer nicht-linearen und saisonalen Modelle ist ein kontinuierlicher Prozess. Mit jedem neuen Datenpunkt haben Sie die Möglichkeit, Ihre Modellparameter anzupassen und die Passgenauigkeit zu verbessern. Copilot kann Ihnen helfen, diesen Prozess zu automatisieren und systematisch durchzuführen.

Die Exploration nicht-linearer Muster und saisonaler Effekte mit Copilot transformiert Ihre Excel-Prognosen von eindimensionalen Trendprojektionen zu nuancierten, wirklichkeitsnahen Modellen. Durch die systematische Untersuchung komplexerer funktionaler Formen und zeitlicher Muster gewinnen Sie ein tieferes Verständnis der zugrundeliegenden Dynamiken und erstellen präzisere, zuverlässigere Vorhersagen. In den nächsten Abschnitten werden wir darauf aufbauen und uns der Integration multipler Einflussfaktoren widmen, um die Komplexität realer Geschäftsprozesse noch umfassender zu modellieren.

3.2 Komplexität Handhaben: Mehrere Einflussfaktoren Intelligent Integrieren

3.2.1 Abhängigkeiten zwischen Treibern mit Copilot Analysieren

Die Welt der Treiber und Einflussfaktoren gleicht einem komplexen Spinnennetz, nicht einer Sammlung isolierter Fäden. Diese Erkenntnis traf mich mitten in einem Projekt zur Absatzprognose für ein Konsumgüterunternehmen. Mein ursprüngliches Modell behandelte Preisgestaltung, Marketingaktivitäten und Saisonalität als unabhängige Faktoren. Die enttäuschende Prognosegenauigkeit führte mich zu einer tieferen Analyse, die eine überraschende Wahrheit offenbarte: Die Wirksamkeit von Marketingmaßnahmen variierte dramatisch je nach Preisniveau und Saison. Diese Abhängigkeiten zwischen den Treibern zu ignorieren, war wie ein Puzzle mit nur der Hälfte der Teile zu legen.

Die Realität wirtschaftlicher und betrieblicher Prozesse ist von Wechselwirkungen geprägt. Ein Preisanstieg beeinflusst nicht nur direkt den Absatz, sondern verändert auch die Wirkung von Marketingkampagnen. Saisonale Muster wirken unterschiedlich auf verschiedene Kundengruppen. Diese Interdependenzen sind keine Randnotiz, sondern das Herzstück eines präzisen prädiktiven Modells. Mit Copilot verfügen Sie über einen leistungsstarken Partner, um diese komplexen Beziehungen systematisch zu identifizieren und zu quantifizieren.

Die Analyse von Treiberabhängigkeiten beginnt mit einem fundamentalen Perspektivwechsel. Anstatt Einflussfaktoren isoliert zu betrachten, müssen wir sie als dynamisches System verstehen. In meiner beratenden Tätigkeit verwende ich ein Framework, das ich als "INTER-Analyse" bezeichne, um diesen Prozess zu strukturieren:

1. Identifikation potenzieller Wechselwirkungen:

- Erkennen theoretisch möglicher Interdependenzen zwischen Treibern
- Priorisierung der wahrscheinlichsten und wichtigsten Wechselwirkungen
- Formulierung klarer Hypothesen über die Art der Beziehungen

2. Numerische Quantifizierung:

- Messung der Stärke und Richtung der Interdependenzen
- Bestimmung von Schwellenwerten und nicht-linearen Effekten
- Festlegung mathematischer Beziehungen zwischen Faktoren

3. Tiefenanalyse bedingter Einflüsse:

- Untersuchung, wie sich die Wirkung eines Faktors unter verschiedenen Bedingungen verändert
- Identifikation von Triggern oder Verstärkern für bestimmte Effekte
- Segmentierung der Daten zur Erkennung kontextspezifischer Muster

4. Erklärungsmodelle entwickeln:

- Formulierung logischer Erklärungen für beobachtete Wechselwirkungen
- Verknüpfung statistischer Muster mit geschäftlichem Verständnis
- Validierung der Erklärungen durch Domänenexperten

5. Robustheitsanalyse:

- Prüfung der Stabilität der Interdependenzen über verschiedene Zeiträume
- Test der Abhängigkeiten unter extremen Bedingungen
- Bewertung der Zuverlässigkeit für Prognosezwecke

Copilot kann Ihnen bei jedem dieser Schritte wertvolle Unterstützung bieten, wenn Sie die richtigen Prompts formulieren. Die Qualität Ihrer Analyse hängt entscheidend von Ihrer Fähigkeit ab, Copilot präzise anzuleiten.

Für die Identifikation potenzieller Wechselwirkungen empfehle ich Prompts wie diese:

- "Analysiere meine Daten in Tabelle 'Verkaufszahlen' und identifiziere mögliche Wechselwirkungen zwischen den Faktoren 'Preis', 'Marketingausgaben' und 'Saison'. Welche Faktoren könnten sich gegenseitig verstärken oder abschwächen?"

- "Erstelle eine Heatmap der Korrelationen zwischen allen Einflussfaktoren in meiner Tabelle und hebe Paare mit besonders starken Beziehungen hervor."

Ein Produktmanager eines E-Commerce-Unternehmens nutzte diesen Ansatz, um die Wechselwirkung zwischen Preisnachlässen und Produktbewertungen zu untersuchen. Copilot enthüllte ein faszinierendes Muster: Während Preisnachlässe generell zu höheren Verkaufszahlen führten, war dieser Effekt bei Produkten mit Top-Bewertungen signifikant stärker ausgeprägt. Diese Erkenntnis führte zu einer differenzierteren Preisstrategie, die die Bewertungsprofile der Produkte berücksichtigte.

Die numerische Quantifizierung von Interdependenzen bildet den nächsten kritischen Schritt. Hier kann Copilot verschiedene statistische Methoden anwenden, um die Stärke und Art der Wechselwirkungen zu bestimmen. Effektive Prompts könnten lauten:

- "Erstelle eine Regressionsanalyse für meine Daten, die Interaktionsterme zwischen 'Werbung' und 'Preis' enthält. Quantifiziere die Stärke dieses Interaktionseffekts und visualisiere ihn."

- "Analysiere, wie sich der Einfluss des Faktors 'Temperatur' auf den Energieverbrauch bei verschiedenen Gebäudetypen unterscheidet. Erstelle ein Modell mit bedingten Effekten."

Die visuelle Darstellung von Interaktionseffekten ist besonders wertvoll für das Verständnis komplexer Beziehungen. Bitten Sie Copilot um Visualisierungen wie:

- 3D-Oberflächendiagramme, die zeigen, wie zwei Faktoren gemeinsam eine Zielvariable beeinflussen
- Heatmaps, die die Stärke eines Effekts unter verschiedenen Bedingungen darstellen
- Interaktionsplots, die parallele oder divergierende Trends verdeutlichen

Ein Finanzcontroller nutzte diesen Ansatz, um die Wechselwirkung zwischen Kundenbindungsdauer und Servicekosten zu verstehen. Die 3D-Visualisierung zeigte, dass erhöhte Servicekosten bei Neukunden zu höherer Kundenbindung führten, während derselbe Kosteneinsatz bei langjährigen Kunden kaum Wirkung zeigte. Diese Erkenntnis führte zu einer differenzierten Ressourcenallokation je nach Kundenlebenszyklus.

Die Analyse bedingter Einflüsse geht einen Schritt weiter, indem sie untersucht, wie sich die Wirkung eines Faktors unter verschiedenen Bedingungen verändert. Dies lässt sich durch Prompts wie die folgenden untersuchen:

- "Segmentiere meine Daten nach den Werten in Spalte 'Saison' und analysiere, wie sich der Einfluss von Marketingausgaben auf den Umsatz je nach Saison unterscheidet."

- "Erstelle ein Entscheidungsbaummodell, das zeigt, unter welchen Bedingungen der Faktor 'Lieferzeit' den stärksten Einfluss auf die Kundenzufriedenheit hat."

Ein Supply-Chain-Manager entdeckte mit dieser Methode, dass der Effekt von Bestandserhöhungen auf die Lieferfähigkeit stark vom Produkttyp abhing. Bei Standardprodukten führte ein höherer Bestand linear zu besserer Lieferfähigkeit, während bei Spezialprodukten die Beziehung einem Stufenmodell folgte mit klaren Schwellenwerten. Die Integration dieser bedingten Effekte in das Bestandsmodell optimierte die Lagerhaltungskosten erheblich.

Die Entwicklung von Erklärungsmodellen für beobachtete Wechselwirkungen bildet einen oft vernachlässigten, aber entscheidenden Schritt. Statistische Korrelationen ohne logische Erklärung sind riskant für Prognosen. Copilot kann Ihnen helfen, plausible Erklärungshypothesen zu generieren:

- "Schlage mögliche geschäftliche Erklärungen für die beobachtete Wechselwirkung zwischen 'Schulungsintensität' und 'Mitarbeiterfluktuation' vor. Berücksichtige verschiedene organisatorische Kontexte."

- "Entwickle ein konzeptionelles Modell, das die beobachtete Abhängigkeit zwischen 'Zahlungsbedingungen' und 'Bestellvolumen' erklärt."

Ein Vertriebsleiter nutzte diesen Ansatz, um die überraschende Wechselwirkung zwischen Verkäuferprovisionen und Kundenzufriedenheit zu verstehen. Copilot generierte mehrere Erklärungshypothesen, darunter eine besonders aufschlussreiche: Höhere Provisionen führten zu einem Fokus auf Verkaufsabschlüsse statt auf Kundenberatung, was die Kundenzufriedenheit bei komplexen Produkten senkte, aber bei einfachen Produkten kaum Auswirkungen hatte. Diese Erkenntnis führte zu einer differenzierten Provisionsstruktur je nach Produktkomplexität.

Die systematische Integration von Wechselwirkungen in Ihr Excel-Modell bildet den krönenden Abschluss Ihrer Analyse. Hierfür können Sie verschiedene Techniken verwenden:

1. **Interaktionsterme:**

   - Erstellen Sie neue Spalten, die das Produkt zweier Einflussfaktoren darstellen
   - Integrieren Sie diese Interaktionsterme in Ihre Regressionsformeln
   - Gewichten Sie Interaktionen entsprechend ihrer statistischen Signifikanz

2. **Bedingte Formeln:**

   - Verwenden Sie WENN-Funktionen, um unterschiedliche Berechnungen je nach Kontext zu implementieren
   - Erstellen Sie Segmentierungslogik basierend auf Schwellenwerten
   - Kombinieren Sie mehrere bedingte Statements für komplexe Interdependenzen

3. **Lookup-Matrizen:**

   - Erstellen Sie Tabellen mit vorberechneten Werten für verschiedene Faktorenkombinationen
   - Verwenden Sie SVERWEIS oder INDEX/VERGLEICH für dynamische Referenzierung
   - Aktualisieren Sie die Matrix bei neuen Dateneinsichten

Ein Marketing-Analyst implementierte diesen Ansatz für ein Kampagnenplanungsmodell. Anstatt einfache lineare Beziehungen zu verwenden, integrierte er Interaktionsterme zwischen Medienmix, Timing und Zielgruppencharakteristika. Das resultierende Modell konnte die Kampagnenwirkung mit einer um 24% höheren Genauigkeit vorhersagen als das vorherige lineare Modell.

Die Dynamik von Treiberabhängigkeiten kann sich über Zeit verändern. Ein robustes Modell sollte diese mögliche Instabilität berücksichtigen. Mit Copilot können Sie die zeitliche Stabilität von Interdependenzen untersuchen:

- "Analysiere, ob die Wechselwirkung zwischen 'Preis' und 'Nachfrage' in verschiedenen Quartalen konsistent ist oder ob sie sich im Zeitverlauf verändert hat."

- "Erstelle ein Rolling-Window-Modell, das zeigt, wie sich die Stärke der Interdependenz zwischen 'Mitarbeiteranzahl' und 'Produktivität' im Laufe der letzten zwei Jahre entwickelt hat."

Ein Controller eines Einzelhandelsunternehmens entdeckte mit dieser Methode, dass die Wechselwirkung zwischen Preis und Werbeaktivitäten sich nach Einführung eines Kundenbindungsprogramms grundlegend verändert hatte. Bei Stammkunden war der Preiseffekt deutlich abgeschwächt, während Werbeaktivitäten stärker wirkten. Diese Erkenntnis führte zu einer segmentierten Marketingstrategie, die diese veränderte Dynamik berücksichtigte.

Die Komplexität multipler Abhängigkeiten kann schnell überwältigend werden. Ein wichtiger Aspekt effektiver Modellierung ist daher die Priorisierung der wichtigsten Interdependenzen. Bitten Sie Copilot, Ihnen bei dieser Fokussierung zu helfen:

- "Identifiziere die Top-3-Wechselwirkungen in meinem Datensatz, die den größten Einfluss auf die Zielvariable 'Umsatz' haben. Rangliste sie nach statistischer Signifikanz und geschäftlicher Relevanz."

- "Erstelle eine Sensitivitätsanalyse, die zeigt, welche Interaktionseffekte die größte Auswirkung auf die Prognosegenauigkeit haben."

Die Integration von Abhängigkeiten zwischen Treibern in Ihr prädiktives Modell transformiert es von einem starren, mechanistischen Ansatz zu einem dynamischen, kontextsensitiven System. Diese Verfeinerung mag anfangs komplex erscheinen, doch mit Copilot als Ihrem analytischen Partner wird dieser Prozess zugänglicher und effektiver als je zuvor. Im nächsten Abschnitt werden wir darauf aufbauen und lernen, wie Sie verschiedene Modellvarianten vergleichen und die für Ihren Anwendungsfall am besten geeignete auswählen können.

3.2.2 VERSCHIEDENE MODELLVARIANTEN VON COPILOT VERGLEICHEN UND AUSWÄHLEN

Die Vielfalt prädiktiver Modellvarianten gleicht einem gut sortierten Werkzeugkasten. Jedes Werkzeug hat seine spezifischen Stärken und optimalen Einsatzbereiche. In meiner Karriere als Controllerin lernte ich diese Lektion auf die harte Tour, als ich ein hochkomplexes multivariates Modell für Absatzprognosen entwickelte, das zwar mathematisch beeindruckend, aber für die Entscheidungsträger völlig undurchsichtig war. Ein einfacheres, intuitiveres Modell setzte sich letztendlich durch, obwohl es statistisch weniger "perfekt" war. Diese Erfahrung prägte mein Verständnis: Das "beste" Modell ist nicht immer das komplexeste oder statistisch eleganteste, sondern dasjenige, das im spezifischen Anwendungskontext den größten praktischen Wert bietet.

Mit Copilot eröffnen sich völlig neue Möglichkeiten, verschiedene Modellvarianten effizient zu generieren, zu vergleichen und auszuwählen. Statt einer einzigen Modellstruktur können Sie nun parallel mehrere Ansätze erkunden und systematisch evaluieren. Diese Fähigkeit transformiert den Modellierungsprozess von einer linearen Entwicklung zu einer parallelen Exploration verschiedener Möglichkeiten.

Die meisten Geschäftsprobleme lassen sich durch unterschiedliche Modellansätze adressieren. Anstatt sich vorschnell auf einen einzigen Ansatz festzulegen, empfehle ich, mit Copilot verschiedene Modellvarianten zu generieren und zu vergleichen. Diesen Prozess strukturiere ich nach der "AVID"-Methode:

1. **A**nsätze diversifizieren:

    - Bitten Sie Copilot, verschiedene Modelltypen für Ihr Problem vorzuschlagen
    - Explorieren Sie bewusst unterschiedliche mathematische Strukturen
    - Variieren Sie die Komplexitätsgrade der betrachteten Modelle

2. **V**ergleichskriterien definieren:

    - Legen Sie klare Bewertungsmaßstäbe für die Modellqualität fest
    - Balancieren Sie statistische Genauigkeit mit praktischer Anwendbarkeit
    - Priorisieren Sie besonders wichtige Aspekte für Ihren Kontext

3. **I**mplementierung testen:

    - Setzen Sie die vielversprechendsten Varianten in Excel um
    - Prüfen Sie Praktikabilität und Pflegeaufwand im realen Umfeld
    - Bewerten Sie die Erklärbarkeit für Stakeholder

4. **D**ifferenzierte Auswahl treffen:

    - Wägen Sie Vor- und Nachteile systematisch ab
    - Treffen Sie eine kontextgerechte, bewusste Entscheidung
    - Dokumentieren Sie die Auswahlgründe für künftige Referenz

Ein Produktionsleiter wandte diese Methode an, um ein Modell zur Vorhersage von Produktionsausfällen zu entwickeln. Anstatt sich auf einen einzigen Ansatz zu konzentrieren, bat er Copilot, drei verschiedene Modellstrukturen vorzuschlagen. Die letztendliche Auswahl fiel auf ein hybrides Modell, das zwar statistisch nicht das "genaueste" war, aber die beste Balance aus Genauigkeit, Interpretierbarkeit und praktischer Anwendbarkeit bot.

Der erste Schritt zur Diversifizierung der Modellansätze besteht darin, Copilot gezielte Prompts zu geben, die verschiedene methodische Perspektiven anregen. Hier sind einige Beispiel-Prompts, die sich in meiner Praxis bewährt haben:

- "Schlage drei unterschiedliche Modellansätze vor, um [Zielvariable] basierend auf [Einflussfaktoren] vorherzusagen. Berücksichtige dabei sowohl einfache als auch komplexere Ansätze und erläutere die jeweiligen Vor- und Nachteile."

- "Generiere verschiedene funktionale Formen (linear, exponentiell, logarithmisch, usw.) für die Beziehung zwischen [Faktoren] und [Zielvariable]. Erkläre, in welchen Situationen jede Form am sinnvollsten wäre."

- "Entwickle alternative Modellstrukturen für unser Prognosemodell, die unterschiedliche Kompromisse zwischen Genauigkeit, Interpretierbarkeit und Komplexität repräsentieren."

Eine Finanzanalystin nutzte diesen Ansatz, um ein Cash-Flow-Prognosemodell zu entwickeln. Copilot generierte drei Varianten: ein einfaches trendbasiertes Modell, ein multivariates Modell mit saisonalen Komponenten und ein komplexes adaptives Modell mit dynamischen Gewichtungen. Diese Vielfalt ermöglichte eine fundierte Entscheidung statt eines vorschnellen Kompromisses.

Die Definition klarer Vergleichskriterien bildet das Herzstück des Auswahlprozesses. Ich empfehle, über die offensichtlichen statistischen Metriken hinauszugehen und ein ausgewogenes Bewertungssystem zu entwickeln. Folgende Dimensionen haben sich in meiner Praxis als besonders wertvoll erwiesen:

1. **Statistische Leistung:**

   - Prognosefehler (MAE, MAPE, RMSE)
   - Erklärungskraft (R^2, angepasstes R^2)
   - Robustheit bei Out-of-Sample-Tests

2. **Praktische Anwendbarkeit:**

   - Implementierungskomplexität in Excel
   - Wartungs- und Aktualisierungsaufwand
   - Anforderungen an Datenqualität und -verfügbarkeit

3. **Geschäftliche Relevanz:**

   - Abdeckung kritischer Geschäftsfälle
   - Anpassungsfähigkeit an verschiedene Szenarien
   - Übereinstimmung mit Domänenwissen

4. **Kommunizierbarkeit:**

   - Intuitive Verständlichkeit für Stakeholder
   - Visualisierbarkeit der Kernmechanismen
   - Erklärbarkeit der generierten Prognosen

Ein Controller nutzte diese mehrdimensionale Bewertung, um verschiedene Copilot-generierte Kostenprognosemodelle zu vergleichen. Obwohl ein komplexes nicht-lineares Modell statistisch überlegen war, fiel die Wahl auf ein einfacheres segmentiertes Modell, das für Management-Entscheidungen wesentlich intuitiver zu verstehen und anzuwenden war.

Copilot kann Sie bei der systematischen Bewertung der Modellvarianten aktiv unterstützen. Bitten Sie Copilot, eine strukturierte Vergleichsanalyse durchzuführen:

- "Vergleiche die drei vorgeschlagenen Modellvarianten anhand dieser Kriterien: [Liste Ihrer spezifischen Kriterien]. Erstelle eine Bewertungsmatrix mit klaren Stärken und Schwächen jeder Variante."

- "Analysiere, welche Trade-offs zwischen Genauigkeit und Interpretierbarkeit bei den verschiedenen Modellvarianten auftreten. Welcher Kompromiss erscheint für unseren Anwendungsfall am sinnvollsten?"

Die Visualisierung der Modellvergleiche kann besonders wertvoll sein, um die Unterschiede intuitiv zu erfassen. Bitten Sie Copilot, verschiedene Visualisierungen zu erstellen:

- Radar-Charts, die die Performance verschiedener Modelle über mehrere Dimensionen zeigen
- Side-by-Side-Plots von Prognosen versus tatsächlichen Werten für verschiedene Modelle
- Heatmaps, die die relative Leistung der Modelle in verschiedenen Situationen oder Zeiträumen visualisieren

Ein Marketinganalyst nutzte diese Visualisierungsansätze, um drei verschiedene ROI-Prognosemodelle zu vergleichen. Die grafische Gegenüberstellung machte sofort deutlich, dass eines der Modelle besonders gut in hochvolatilen Marktphasen funktionierte, während ein anderes konsistentere Ergebnisse in stabilen Phasen lieferte. Diese Erkenntnis führte zur Entwicklung eines adaptiven Ansatzes, der je nach Marktkontext zwischen den Modellen wechselte.

Die Implementierungstestphase bildet einen oft übersehenen, aber entscheidenden Schritt im Auswahlprozess. Selbst das statistisch eleganteste Modell ist wertlos, wenn es in der Praxis nicht effektiv umgesetzt und genutzt werden kann. Ich empfehle, die vielversprechendsten Modellvarianten als Prototypen in Excel zu implementieren und folgende Aspekte zu testen:

- Wie einfach lässt sich das Modell in der bestehenden Excel-Umgebung umsetzen?
- Wie reagiert das Modell auf Aktualisierungen und neue Daten?
- Wie intuitiv ist die Bedienung und Interpretation für potenzielle Anwender?
- Welche Wartungs- und Pflegeanforderungen stellt das Modell im laufenden Betrieb?

Ein Supply-Chain-Manager testete drei verschiedene Bestandsprognosemodelle in der täglichen Anwendung. Obwohl eines der Modelle statistisch marginale Vorteile bot, erforderte es tägliche manuelle Anpassungen, während ein fast gleichwertiges Modell vollautomatisch lief. Die praktischen Implementierungsaspekte führten zur Wahl des robusteren, wartungsärmeren Modells.

Die endgültige Modellauswahl sollte ein bewusster, abgewogener Entscheidungsprozess sein, nicht ein automatischer Rückgriff auf das "genaueste" Modell. In vielen Fällen kann eine Kombination verschiedener Modellansätze die optimale Lösung darstellen. Copilot kann Ihnen helfen, kreative Hybridansätze zu entwickeln:

- "Schlage Möglichkeiten vor, wie wir die Stärken der linearen und der nicht-linearen Modellvariante kombinieren könnten. Wie könnte ein Hybridmodell strukturiert sein?"

- "Entwickle eine Strategie, um die drei Modellvarianten zu einem Ensemble zu kombinieren, das die jeweiligen Stärken nutzt und Schwächen minimiert."

Ein Vertriebsleiter nutzte diesen Ansatz für Umsatzprognosen und entwickelte mit Copilot ein Ensemble-Modell, das für verschiedene Produktkategorien unterschiedliche Submodelle verwendete und diese intelligent gewichtete. Dieses hybride System übertraf alle einzelnen Modellvarianten sowohl in der Genauigkeit als auch in der Anwendbarkeit.

Die Dokumentation Ihrer Modellauswahlentscheidung bildet den abschließenden, aber entscheidenden Schritt. Eine transparente, nachvollziehbare Dokumentation schafft nicht nur Vertrauen bei Stakeholdern, sondern erleichtert auch zukünftige Modellverbesserungen. Ich erstelle für jedes Projekt ein "Modellauswahlprotokoll", das folgende Elemente enthält:

- Beschreibung der verglichenen Modellvarianten
- Detaillierte Bewertungskriterien und deren Gewichtung
- Quantitative und qualitative Vergleichsergebnisse
- Begründung der finalen Auswahlentscheidung
- Dokumentation bekannter Einschränkungen und potenzieller Verbesserungsbereiche

Die Auswahl zwischen verschiedenen Modellvarianten ist kein einmaliger Prozess, sondern sollte regelmäßig überprüft werden. Mit neuen Daten, veränderten Geschäftsbedingungen oder erweiterten Anforderungen kann eine früher verworfene Modellvariante plötzlich optimal werden. Ich empfehle, in regelmäßigen Abständen eine erneute Evaluation durchzuführen und Copilot zu nutzen, um potenzielle neue Ansätze zu explorieren.

Die Fähigkeit, verschiedene Modellvarianten zu vergleichen und bewusst auszuwählen, markiert den Übergang vom mechanischen Modellierer zum strategischen Analytiker. Mit Copilot als Ihrem Partner können Sie diesen Prozess effizienter und kreativer gestalten als je zuvor. Im nächsten Kapitel werden wir darauf aufbauen und lernen, wie Sie Ihre verfeinerten Modelle für strategische Zukunftsszenarien nutzen können, um fundierte Geschäftsentscheidungen zu treffen.

4. ZUKUNFTSSZENARIEN ERKUNDEN: STRATEGISCHE SIMULATIONEN MIT COPILOT DURCHFÜHREN

Die Worte eines begeisterten Finanzvorstands klingen mir noch heute in den Ohren: "Diese Szenario-Analyse hat gerade ein Millionen-Euro-Investment vor dem Scheitern bewahrt." Seine Begeisterung bezog sich auf eine strategische Simulation, die wir gemeinsam mit Copilot in Excel entwickelt hatten. Das Modell hatte eine kritische Marktveränderung vorhergesagt, die alle linearen Prognosen übersehen hatten. Dieser Moment verdeutlichte mir die transformative Kraft zukunftsorientierter Szenarien für strategische Entscheidungen. In diesem Kapitel teile ich die Methoden, mit denen Sie die volle Kraft von Copilot für strategische Simulationen entfesseln können.

Der Übergang von der Modellverfeinerung zur strategischen Szenarioplanung markiert einen entscheidenden Schritt auf Ihrer Reise zur prädiktiven Meisterschaft. Während wir uns bisher darauf konzentriert haben, präzise und robuste Modelle zu entwickeln, wenden wir nun den Blick nach vorn, um verschiedene Zukunftspfade systematisch zu erkunden. Mit Copilot als Ihrem strategischen Partner können Sie Multiple-Future-Thinking auf ein völlig neues Niveau heben.

Meine Erfahrung mit strategischen Simulationen begann in einem Automotiveunternehmen, als wir versuchten, die Auswirkungen verschiedener Elektromobilitäts-Adoptionsraten auf unsere Lieferkettenstrategie zu verstehen. Traditionelle Excel-Modelle erforderten stundenlange manuelle Anpassungen für jedes Szenario. Mit der Integration von Copilot reduzierten wir diese Zeit dramatisch und konnten ein viel breiteres Spektrum möglicher Zukünfte erkunden. Diese Erweiterung des Blickfelds ermöglichte eine wesentlich nuanciertere und robustere Strategie.

Der wesentliche Unterschied zwischen einfachen Prognosen und strategischen Simulationen liegt in ihrer fundamentalen Zielsetzung. Während Prognosen versuchen, den wahrscheinlichsten Zukunftspfad zu identifizieren, erkunden Simulationen systematisch verschiedene Möglichkeitsräume. Dieser Perspektivwechsel von "Was wird passieren?" zu "Was könnte unter verschiedenen Bedingungen geschehen?" erweitert Ihren strategischen Horizont erheblich und schafft Raum für vorausschauendes Handeln.

Strategische Simulationen mit Copilot basieren auf dem Konzept der gelenkten Variation. Anstatt willkürlich Parameter zu verändern, nutzen Sie die analytische Kraft von Copilot, um gezielt jene Faktoren zu variieren, die den größten strategischen Einfluss haben. Dieser systematische Ansatz verwandelt Ihre Excel-Tabelle von einem statischen Prognosewerkzeug in ein dynamisches Entscheidungslabor.

Die Kernelemente strategischer Simulationen, die wir in diesem Kapitel erkunden werden, umfassen:

1. **Szenario-Prognosen erstellen:**

   - Schlüsselfaktoren systematisch variieren
   - Unterschiedliche Annahmen testen und quantifizieren
   - Bedingte Zukunftspfade modellieren und verstehen
2. **Was-wäre-wenn-Analysen durchführen:**

   - Sensitivitäten wichtiger Parameter bestimmen
   - Risiken und Chancen in verschiedenen Szenarien bewerten

- Schwellenwerte und Kipppunkte identifizieren

3. **Ergebnisse effektiv kommunizieren:**

- Komplexe Szenarien visuell darstellen
- Narrative für unterschiedliche Zukunftsbilder entwickeln
- Handlungsimplikationen klar herausarbeiten

Ein Projektmanager eines Energieunternehmens nutzte diesen Ansatz, um die Auswirkungen schwankender Rohstoffpreise auf seine Projektpipeline zu simulieren. Mit Copilot konnte er nicht nur Preissensitivitäten identifizieren, sondern auch kritische Schwellenwerte erkennen, bei denen bestimmte Projekte unwirtschaftlich wurden. Diese Erkenntnisse führten zur Entwicklung einer adaptiven Projektstrategie mit klar definierten Entscheidungspunkten.

Die Macht strategischer Simulationen liegt in ihrer Fähigkeit, mentale Modelle zu erweitern und blinde Flecken aufzudecken. Menschen neigen dazu, die Zukunft als Fortsetzung der Gegenwart zu sehen und disruptive Veränderungen zu unterschätzen. Durch die systematische Erkundung eines breiten Spektrums möglicher Zukünfte schaffen Sie kognitiven Raum für unerwartete Entwicklungen und erhöhen Ihre strategische Anpassungsfähigkeit.

Ein Marketing-Director nutzte diesen Ansatz zur Planung einer Produkteinführungsstrategie. Die Simulationen mit Copilot offenbarten, dass der Erfolg stark von einem Faktor abhing, den sein Team bisher kaum beachtet hatte: die Geschwindigkeit der Wettbewerbsreaktion. Dieses neue Bewusstsein führte zu einer komplett überarbeiteten Markteintrittsstrategie mit Fokus auf schneller Marktdurchdringung in den ersten 90 Tagen.

Die Zusammenarbeit mit Copilot bei der Erstellung strategischer Simulationen folgt einem strukturierten Dialog. Anders als bei einfachen Datenanalysen geht es hier um einen iterativen Prozess, bei dem Sie Copilot dazu anleiten, verschiedene Zukunftsszenarien zu generieren, zu analysieren und zu vergleichen. Diese gelenkten Variationen schaffen ein reichhaltigeres Verständnis des Möglichkeitsraums und der strategischen Implikationen.

Die Formulierung präziser Szenario-Prompts bildet das Herzstück dieses Prozesses. Anstatt Copilot allgemein nach "verschiedenen Szenarien" zu fragen, sollten Sie spezifische Parameteränderungen, Annahmevariationen oder externe Einflüsse definieren. Je präziser Ihre Anweisungen, desto wertvoller die resultierenden Simulationen. In diesem Kapitel zeige ich Ihnen, wie Sie Prompts formulieren, die strategisch relevante und analytisch robuste Szenarien erzeugen.

Eine Vertriebsleiterin nutzte diesen Ansatz für ihre Expansionsstrategie. Anstatt Copilot allgemein nach "Verkaufsprognosen" zu fragen, spezifizierte sie: "Simuliere drei Szenarien für unsere Marktexpansion: optimistisch (35% Konversionsrate, 8 Wochen Verkaufszyklus), realistisch (25% Konversionsrate, 12 Wochen Verkaufszyklus) und konservativ (15% Konversionsrate, 16 Wochen Verkaufszyklus). Berechne den resultierenden Ressourcenbedarf für jedes Szenario." Diese Präzision führte zu direkt handlungsorientierten Erkenntnissen.

Ein oft übersehener Aspekt strategischer Simulationen ist die Balance zwischen Komplexität und Handhabbarkeit. Mit Copilot können Sie viele Variablen und Wechselwirkungen berücksichtigen, was zu realistischeren Simulationen führt. Gleichzeitig besteht die Gefahr, in übermäßiger Komplexität zu versinken. Die Kunst liegt darin, die richtige Granularität zu finden, die aussagekräftige Erkenntnisse liefert, ohne in unüberschaubare Detailfülle abzugleiten.

Ein Finanzcontroller fand diese Balance für sein Investitionsplanungsmodell, indem er mit einer begrenzten Anzahl Schlüsselvariablen begann und schrittweise Komplexität hinzufügte. Mit jedem Schritt bewertete er den

Informationsgewinn durch die zusätzliche Komplexität. Dieser iterative Ansatz führte zu einem Modell mit optimaler Balance aus Detailgenauigkeit und Handhabbarkeit.

Die Berücksichtigung voneinander abhängiger Faktoren bildet einen kritischen Aspekt realistischer Simulationen. In der realen Welt verändern sich Faktoren selten isoliert; sie beeinflussen einander in komplexen Wechselwirkungen. Mit Copilot können Sie diese Interdependenzen in Ihren Simulationen berücksichtigen und so ein viel realistischeres Bild möglicher Zukunftspfade erzeugen.

Ein Supply-Chain-Manager nutzte diesen Ansatz, um die Auswirkungen veränderter Nachfragemuster auf seine globale Lieferkette zu simulieren. Anstatt Nachfrage als isolierten Faktor zu betrachten, modellierte er mit Copilots Hilfe, wie Nachfrageänderungen auch Lieferzeiten, Transportkosten und Lagerbestandsanforderungen beeinflussten. Diese ganzheitliche Betrachtung führte zu einer wesentlich robusteren Bestandsstrategie.

Die zeitliche Dynamik bildet eine weitere wichtige Dimension strategischer Simulationen. Viele Faktoren entfalten ihre Wirkung nicht sofort, sondern mit Verzögerungen oder in Wellenbewegungen. Mit Copilot können Sie diese zeitlichen Muster explizit modellieren und so ein tieferes Verständnis für die Entwicklung verschiedener Szenarien über Zeit gewinnen.

Ein Produktmanager nutzte diesen Ansatz, um die Markteinführung eines neuen Produkts zu planen. Die Simulationen mit Copilot berücksichtigten nicht nur direkte Absatzzahlen, sondern auch verzögerte Effekte wie Mundpropaganda, Konkurrenzreaktionen und langfristige Kundenbindung. Diese zeitliche Perspektive offenbarte, dass kurzfristig aggressive Preisstrategien zwar anfängliche Verkaufsspitzen erzeugten, aber langfristig die Marktposition schwächten.

Die systematische Bewertung von Risiken und Chancen bildet einen integralen Bestandteil strategischer Simulationen. Mit Copilot können Sie für jedes Szenario spezifische Risikofaktoren identifizieren und quantifizieren. Diese strukturierte Risikoanalyse verwandelt vage Bedenken in spezifische, managable Unsicherheiten und schafft die Grundlage für robuste Entscheidungen unter Unsicherheit.

Eine Risikomanagerin eines Versicherungsunternehmens nutzte diesen Ansatz, um potenzielle Auswirkungen veränderter Klimamuster auf das Schadenportfolio zu simulieren. Die Szenarien mit Copilot quantifizierten nicht nur erwartete Schadenssummen, sondern auch deren Variabilität und Extremwerte. Diese differenzierte Risikobetrachtung führte zu einer angepassten Rückversicherungsstrategie und gezielten Präventionsmaßnahmen.

Die Kommunikation komplexer Simulationsergebnisse stellt eine besondere Herausforderung dar. Selbst die brillantesten Analysen bleiben wirkungslos, wenn Entscheidungsträger sie nicht verstehen oder ihnen nicht vertrauen. Mit Copilot können Sie Ihre Simulationsergebnisse in klare Narrative und überzeugende Visualisierungen übersetzen, die die wesentlichen Erkenntnisse verdeutlichen und Handlungsimplikationen hervorheben.

Ein Strategieberater transformierte mit diesem Ansatz die Kommunikation seiner Marktanalysen. Anstatt den Vorstand mit komplexen Datenreihen zu überfordern, nutzte er Copilot, um drei klare, visuell unterstützte Zukunftsszenarien zu präsentieren. Jedes Szenario verdeutlichte spezifische strategische Implikationen und Entscheidungspunkte. Diese klare Kommunikation führte zu einer informierten Strategiediskussion statt verwirrter Nachfragen zu Methodendetails.

Die Integration von externen Daten und Expertenmeinungen bereichert Ihre strategischen Simulationen erheblich. Mit Copilot können Sie verschiedene Datenquellen und Perspektiven in Ihren

Szenarien berücksichtigen und so ein umfassenderes Bild möglicher Zukunftsentwicklungen zeichnen. Diese multiperspektivische Betrachtung reduziert blinde Flecken und erhöht die Robustheit Ihrer Simulationen.

Ein CEO nutzte diesen Ansatz für seine Internationalisierungsstrategie. Mit Copilots Hilfe integrierte er Marktforschungsdaten, Branchenexpertenmeinungen und makroökonomische Indikatoren in seine Simulationen. Diese Synthese verschiedener Informationsquellen offenbarte unerwartete Muster und führte zu einer fokussierten Expansionsstrategie für spezifische Marktsegmente und Regionen.

In den folgenden Abschnitten werden wir tiefer in die praktische Umsetzung strategischer Simulationen mit Copilot eintauchen. Sie werden lernen, wie Sie systematisch Szenario-Prognosen erstellen, sensitivitätsbasierte Was-wäre-wenn-Analysen durchführen und Ihre Erkenntnisse überzeugend kommunizieren können. Diese Fähigkeiten werden Ihnen helfen, von reaktiver Anpassung zu proaktiver Zukunftsgestaltung überzugehen und fundiertere strategische Entscheidungen zu treffen.

4.1 Szenario-Prognosen Erstellen: Zukünftige Entwicklungen mit Copilot Modellieren

4.1.1 Änderungen bei Schlüsselfaktoren durch Copilot Simulieren

Der entscheidende Moment einer Vorstandspräsentation bleibt mir unvergesslich. "Was passiert, wenn der Rohstoffpreis um 30% steigt?" fragte ein skeptischer Finanzvorstand. Früher hätte diese Frage eine hastige Anpassung meines Excel-Modells in Echtzeit erfordert, verbunden mit dem Risiko von Formelfehlern unter Druck. Heute konnte ich dank Copilot ruhig antworten: "Lassen Sie es uns simulieren." Mit einem präzisen Prompt generierte Copilot in Sekunden eine fundierte Analyse, die alle Querverbindungen berücksichtigte. Die Überraschung im Gesicht des Vorstands wich schnell einer tiefen Diskussion über strategische Implikationen statt technischer Details.

Die Simulation von Änderungen bei Schlüsselfaktoren bildet das Herzstück strategischer Szenario-Planung. Während einfache Prognosemodelle oft von statischen Annahmen ausgehen, ermöglicht die dynamische Variation von Schlüsselfaktoren ein tieferes Verständnis möglicher Zukunftsentwicklungen. Mit Copilot können Sie diesen Prozess drastisch beschleunigen und verfeinern, indem Sie gezielt Veränderungen simulieren und deren Auswirkungen analysieren.

Der erste Schritt zur effektiven Simulation von Schlüsselfaktoren besteht in deren präziser Identifikation. Nicht alle Faktoren sind gleich wichtig, und die Konzentration auf die wirklich entscheidenden Variablen verbessert sowohl die Effizienz als auch die Klarheit Ihrer Analyse. Ich nutze einen strukturierten Ansatz, um Schlüsselfaktoren zu identifizieren:

1. **Sensitivitätsbasierte Priorisierung:**

   - Identifizieren Sie Faktoren mit dem größten Einfluss auf Ihre Zielvariable
   - Quantifizieren Sie den Einflussgrad durch Sensitivitätsanalysen
   - Konzentrieren Sie sich auf Variablen mit überproportionalem Einfluss

2. **Strategische Relevanz:**

   - Bestimmen Sie, welche Faktoren für strategische Entscheidungen besonders wichtig sind
   - Fokussieren Sie auf beeinflussbare Variablen versus externe Gegebenheiten
   - Berücksichtigen Sie den Informationswert für Entscheidungsträger

3. **Unsicherheitsgrad:**

   - Priorisieren Sie Faktoren mit hoher Volatilität oder Unsicherheit
   - Identifizieren Sie Variablen, bei denen verschiedene Annahmen plausibel sind
   - Fokussieren Sie auf Bereiche, in denen unterschiedliche Meinungen existieren

Ein Supply-Chain-Manager nutzte diesen Ansatz, um die Schlüsselfaktoren für seine Lieferkettenresilienz zu identifizieren. Während traditionelle Analysen sich auf Kosten und Lieferzeiten konzentrierten, offenbarte die Sensitivitätsanalyse mit Copilot, dass regionale Lieferantenkonzentration und Transportmodalitäten tatsächlich den größten Einfluss auf die Systemstabilität hatten. Diese Erkenntnis führte zu einer grundlegenden Neuausrichtung seiner Szenarioplanung.

Nach der Identifikation der Schlüsselfaktoren besteht der nächste Schritt in der Definition sinnvoller Variationsbereiche. Zu enge Bereiche können wichtige Szenarien übersehen, während zu weite

Variationen unrealistische Szenarien erzeugen. Für die Bestimmung optimaler Variationsbereiche empfehle ich folgende Methoden:

- **Historische Analyse:** Untersuchen Sie die historische Volatilität des Faktors über verschiedene Zeiträume und Marktbedingungen.

- **Experteneinschätzungen:** Konsultieren Sie Fachexperten zu plausiblen Extremwerten und typischen Schwankungsbreiten.

- **Marktprognosen:** Berücksichtigen Sie verfügbare Marktprognosen und deren Konfidenzintervalle.

- **Stresstestszenarien:** Definieren Sie bewusst extreme, aber noch plausible Werte, um die Robustheit Ihrer Strategie zu testen.

Ein Finanzplaner für ein mittelständisches Unternehmen nutzte diesen Ansatz, um Zinsszenarien zu modellieren. Anstatt sich auf die üblichen +/- 0,5% zu beschränken, definierte er basierend auf historischen Analysen und Marktprognosen einen breiteren Bereich. Die resultierenden Simulationen offenbarten eine unerwartete Schwachstelle in der Finanzierungsstrategie des Unternehmens bei kombinierten Zins- und Wachstumsszenarien.

Die Formulierung präziser Prompts für Copilot bildet den Kern erfolgreicher Faktorsimulationen. Im Gegensatz zu allgemeinen Analyseaufforderungen sollten Simulations-Prompts spezifische Anweisungen zur Variation von Schlüsselfaktoren enthalten. Ich habe eine Prompt-Struktur entwickelt, die konsistent zu hochwertigen Simulationsergebnissen führt:

1. **Simulationsziel definieren:**

   - Spezifizieren Sie die zu untersuchende Zielvariable

- Klären Sie den gewünschten Zeithorizont der Simulation
- Definieren Sie den Kontext und Zweck der Simulation

2. **Faktorvariationen spezifizieren:**

- Benennen Sie die zu variierenden Schlüsselfaktoren präzise
- Definieren Sie konkrete Wertebereiche oder Prozentsätze für die Variation
- Geben Sie an, ob die Faktoren einzeln oder kombiniert variiert werden sollen

3. **Analysetiefe festlegen:**

- Spezifizieren Sie den gewünschten Detaillierungsgrad der Ergebnisse
- Definieren Sie gewünschte Zwischenberechnungen oder Meilensteine
- Legen Sie fest, welche Kennzahlen berechnet werden sollen

4. **Outputformat bestimmen:**

- Spezifizieren Sie das gewünschte Format (Tabelle, Diagramm, Text)
- Definieren Sie die präferierte Darstellungsweise der Ergebnisse
- Geben Sie an, ob Interpretationen oder nur Rohdaten gewünscht sind

Ein beispielhafter Prompt für eine Umsatzsimulation könnte lauten: "Simuliere die Auswirkungen auf unseren Quartalsumsatz für die nächsten 2 Jahre, wenn (a) der Durchschnittspreis um 5%, 10% und 15% sinkt, (b) die Kundenabwanderungsrate um 2, 5 und 8 Prozentpunkte steigt und (c) die Marketingausgaben um 10%, 20% und 30% erhöht werden. Berücksichtige dabei die Wechselwirkungen zwischen diesen Faktoren. Präsentiere die Ergebnisse als Tabelle mit Quartalswerten und visualisiere die wichtigsten Szenarien in einem Liniendiagramm. Füge eine kurze Interpretation der kritischsten Faktorkombinationen hinzu."

Die Simulation von Schlüsselfaktoren gewinnt besondere Kraft durch die Berücksichtigung von Wechselwirkungen. In realen Geschäftsszenarien verändern sich Faktoren selten isoliert; sie beeinflussen einander in komplexen Mustern. Mit Copilot können Sie diese Interdependenzen explizit modellieren:

- "Simuliere, wie sich Preisänderungen unterschiedlich auf verschiedene Kundensegmente auswirken."

- "Modelliere, wie Investitionen in Prozessoptimierung die Auswirkungen von Materialkostensteigerungen abfedern können."

- "Untersuche, wie sich die Kombination aus erhöhten Marketingausgaben und Preissenkungen auf den Gesamtumsatz und die Marge auswirkt."

Ein Produktmanager nutzte diesen Ansatz, um Markteinführungsszenarien zu simulieren. Die Betrachtung der Wechselwirkungen zwischen Preis, Marketingintensität und Einführungszeitpunkt offenbarte, dass bestimmte Kombinationen überproportional positive Effekte erzeugten, während andere sich gegenseitig neutralisierten. Diese Erkenntnis führte zu einer stark fokussierten Markteinführungsstrategie mit klaren Prioritäten.

Die iterative Verfeinerung von Simulationen bildet einen wesentlichen Aspekt der Arbeit mit Copilot. Anstatt bei der ersten Simulationsrunde stehenzubleiben, empfehle ich einen schrittweisen Prozess der Fokussierung und Detaillierung:

1. **Breite Exploration:**

   - Beginnen Sie mit einem breiten Spektrum an Faktorvariationen

- Identifizieren Sie interessante oder kritische Bereiche
- Gewinnen Sie einen Überblick über mögliche Szenarien

2. **Gezielte Vertiefung:**

- Zoomen Sie in relevante Wertebereiche
- Verfeinern Sie die Granularität in kritischen Zonen
- Untersuchen Sie Schwellenwerte und Kipppunkte genauer

3. **Kontextuelle Erweiterung:**

- Fügen Sie zusätzliche Kontextfaktoren für realistische Szenarien hinzu
- Berücksichtigen Sie externe Einflüsse und Rahmenbedingungen
- Integrieren Sie qualitative Faktoren und Expertenmeinungen

Eine Risikomanagerin im Energiesektor demonstrierte die Kraft dieses iterativen Ansatzes bei der Simulation von Preisvolatilitätsszenarien. Die erste Simulationsrunde identifizierte einen kritischen Preisbereich, in dem kleine Schwankungen große Auswirkungen hatten. In der zweiten Runde untersuchte sie diesen Bereich mit höherer Granularität und entdeckte einen präzisen Schwellenwert, der zu fundamentalen Portfolioumschichtungen führen sollte.

Die Integration externer Daten und Expertenperspektiven bereichert Ihre Faktorsimulationen erheblich. Mit Copilot können Sie aus einer reinen Zahlensimulation in Richtung kontextreicher Szenarien gehen:

- "Integriere die aktuellen Marktprognosen für Energiepreise in unsere Simulationen und vergleiche sie mit unseren internen Annahmen."

- "Berücksichtige die typischen saisonalen Schwankungsmuster aus den letzten drei Jahren in unserer Umsatzsimulation."

- "Füge qualitative Faktoren wie erwartete regulatorische Änderungen oder Technologiesprünge als Kontextvariablen zu unseren quantitativen Simulationen hinzu."

Ein Strategieleiter eines Fertigungsunternehmens nutzte diesen Ansatz für seine Wachstumsszenarien. Er bat Copilot, nicht nur interne Faktoren zu variieren, sondern auch Branchentrends, Marktprognosen und makroökonomische Indikatoren zu integrieren. Die resultierenden Szenarien zeichneten ein wesentlich nuancierteres Bild der Wachstumsmöglichkeiten und potentiellen Risiken.

Die visuelle Darstellung simulierter Faktoren und ihrer Auswirkungen bildet einen entscheidenden Schritt für das Verständnis und die Kommunikation. Copilot kann verschiedene Visualisierungsformen generieren, die komplexe Simulationsergebnisse intuitiv erfassbar machen:

- Heatmaps zur Darstellung von Wertebereichen und Wechselwirkungen
- Tornadodiagramme zur Visualisierung der relativen Einflussstärke verschiedener Faktoren
- Parallele Liniendiagramme zum Vergleich verschiedener Szenarien über Zeit
- Wasserfall-Diagramme zur Darstellung kumulativer Effekte

Ein Vertriebsleiter nutzte Copilots Visualisierungsfähigkeiten, um die Ergebnisse seiner Marktanteilssimulationen darzustellen. Die generierten Heat Maps machten sofort sichtbar, welche Kombination aus Preispositionierung und Servicegrad die profitabelsten Wachstumszonen darstellte. Diese visuelle Klarheit führte zu einer fokussierten Vertriebsstrategie und klaren Entscheidungskriterien für das Team.

Die Dokumentation simulierter Schlüsselfaktoren und ihrer Auswirkungen bildet eine wichtige Grundlage für zukünftige Entscheidungen und kontinuierliches Lernen. Ich erstelle für jede Simulation ein strukturiertes Dokumentationsblatt mit folgenden Elementen:

- Simulationsziel und Kontext
- Variierte Faktoren und ihre Wertebereiche
- Annahmen und Einschränkungen
- Wesentliche Erkenntnisse und überraschende Ergebnisse
- Identifizierte Schwellenwerte oder Kipppunkte
- Strategische Implikationen und Handlungsoptionen

Diese Dokumentation schafft nicht nur Transparenz, sondern dient auch als wertvolle Ressource für zukünftige Planungszyklen und als Grundlage für organisationales Lernen.

Die Simulation von Schlüsselfaktoren mit Copilot transformiert Ihre Excel-Tabellen von statischen Berechnungswerkzeugen zu dynamischen Zukunftslaboren. Durch die systematische Variation kritischer Faktoren gewinnen Sie tiefe Einblicke in mögliche Entwicklungspfade und werden auf Chancen und Risiken vorbereitet, lange bevor sie eintreten. Im nächsten Abschnitt werden wir darauf aufbauen und lernen, wie Sie diese Faktorsimulationen zu kohärenten Zukunftsszenarien zusammenführen und überzeugend visualisieren können.

4.1.2 Unterschiedliche Zukunftspfade mit Copilot Visualisieren

Die Macht Ihrer Zukunftsszenarien entfaltet sich erst vollständig durch überzeugende Visualisierung. Während meiner Arbeit mit einem Energieunternehmen erlebte ich diese Erkenntnis in ihrer reinsten Form: Wir hatten wochenlang an komplexen Szenarien gearbeitet, doch erst als wir die verschiedenen Zukunftspfade visuell darstellten, leuchteten die Augen der Entscheidungsträger auf. "Jetzt sehe ich endlich, worüber wir die ganze Zeit gesprochen haben," bemerkte der CEO. Dieser Moment verdeutlichte mir, dass selbst die brillantesten Szenarien ohne passende Visualisierung oft wirkungslos bleiben.

Die visuelle Darstellung unterschiedlicher Zukunftspfade transformiert abstrakte Zahlenwerte in greifbare Geschichten. Sie übersetzt komplexe Datenbeziehungen in intuitive Bilder, die sofort Muster, Vergleiche und Entscheidungspunkte offenbaren. Mit Copilot verfügen Sie über einen leistungsstarken Partner, der diesen Visualisierungsprozess revolutioniert und es Ihnen ermöglicht, verschiedene Zukunftsszenarien klar und überzeugend darzustellen.

Die Kunst der Pfadvisualisierung beginnt mit der Klärung Ihrer Kommunikationsziele. Bevor Sie Copilot nach Visualisierungen fragen, sollten Sie präzise definieren, welche Erkenntnisse Sie vermitteln möchten. Ich empfehle, Ihre Visualisierungsziele nach der "KLAR"-Methode zu strukturieren:

1. Kernbotschaft definieren:

   - Identifizieren Sie die zentrale Erkenntnis, die vermittelt werden soll
   - Formulieren Sie eine klare These oder Schlussfolgerung
   - Priorisieren Sie die wichtigsten zu vermittelnden Zusammenhänge

2. Leserebene bestimmen:

   - Passen Sie die Komplexität an das Vorwissen der Zielgruppe an
   - Berücksichtigen Sie den fachlichen Hintergrund der Entscheidungsträger
   - Wählen Sie Abstraktionsgrad und Fachterminologie bewusst

3. Aussagekraft maximieren:

- Fokussieren Sie auf die entscheidenden Unterschiede zwischen Szenarien
- Heben Sie kritische Schwellenwerte oder Kipppunkte hervor
- Stellen Sie sicher, dass jedes visuelle Element einen klaren Zweck erfüllt

4. Relative Vergleichbarkeit sicherstellen:

- Verwenden Sie konsistente Skalen und Farbschemata
- Ermöglichen Sie direkte Gegenüberstellungen zwischen Szenarien
- Achten Sie auf faire und ausgewogene Darstellung aller Optionen

Ein Produktmanager nutzte diesen Ansatz für die Visualisierung verschiedener Markteinführungsszenarien. Anstatt Copilot allgemein nach "schönen Diagrammen" zu fragen, formulierte er einen präzisen Prompt nach der KLAR-Methode: "Visualisiere drei Markteinführungsszenarien (konservativ, moderat, aggressiv) mit Fokus auf kumulative Marktdurchdringung über 24 Monate. Hebe die Break-Even-Punkte in jedem Szenario hervor und zeige den Trade-off zwischen Initialinvestition und langfristiger Rendite. Die Visualisierung soll für Vorstandsmitglieder ohne Marketing-Hintergrund verständlich sein."

Nach der Klärung Ihrer Kommunikationsziele steht die Auswahl geeigneter Visualisierungsformen im Mittelpunkt. Copilot kann ein breites Spektrum visueller Darstellungen generieren, doch nicht jede Form eignet sich für jede Botschaft. Ich habe eine Typologie entwickelt, die Ihnen bei der Auswahl hilft:

1. **Temporale Pfadvisualisierungen:**

- Geeignet für: Entwicklung von Szenarien über Zeit

- Typische Formen: Linien- oder Flächendiagramme mit multiplen Pfaden
- Besonders wertvoll für: Divergenz- oder Konvergenzpunkte identifizieren

2. **Komparative Szenariovisualisierungen:**

- Geeignet für: Direkter Vergleich verschiedener Szenarien
- Typische Formen: Gruppierte Säulendiagramme, Radar-Charts, Parallelkoordinatendiagramme
- Besonders wertvoll für: Multidimensionale Vergleiche auf einen Blick

3. **Entscheidungsbasierte Visualisierungen:**

- Geeignet für: Abbildung von Entscheidungspunkten und deren Konsequenzen
- Typische Formen: Entscheidungsbäume, Sankey-Diagramme, Einflussdiagramme
- Besonders wertvoll für: Ursache-Wirkungs-Beziehungen und Verzweigungen

4. **Risikoorientierte Visualisierungen:**

- Geeignet für: Darstellung von Unsicherheiten und Wahrscheinlichkeiten
- Typische Formen: Box-Plots, Konfidenzintervall-Bänder, Heat Maps
- Besonders wertvoll für: Streubreite und Robustheit von Szenarien

Eine Finanzanalystin wählte für ihre Investitionsszenarien bewusst eine Kombination aus temporaler und risikoorientierter Visualisierung. Sie bat Copilot, ein Liniendiagramm mit Konfidenzintervallen zu erstellen, das drei verschiedene Investitionspfade über fünf Jahre zeigte. Diese spezifische Darstellungsform machte nicht nur die erwarteten Renditen sichtbar, sondern auch deren Unsicherheitsbreite, was zu einer viel nuancierteren Diskussion im Vorstand führte.

Die Formulierung präziser Visualisierungs-Prompts für Copilot bildet den nächsten kritischen Schritt. Die Qualität Ihrer visuellen Darstellungen hängt direkt von der Präzision Ihrer Anweisungen ab. Basierend auf meinen Erfahrungen empfehle ich folgende Prompt-Struktur für überzeugende Pfadvisualisierungen:

1. **Visualisierungstyp spezifizieren:**

   - Benennen Sie den konkreten Diagrammtyp (Linien, Säulen, Combo-Chart, etc.)
   - Definieren Sie spezielle Elemente wie Fehlerbalken oder Trendlinien
   - Geben Sie an, ob Annotationen oder Hervorhebungen gewünscht sind

2. **Datenbezug herstellen:**

   - Referenzieren Sie die zu visualisierenden Daten präzise
   - Spezifizieren Sie, welche Spalten/Zeilen als Basis dienen sollen
   - Definieren Sie erforderliche Datentransformationen

3. **Designelemente definieren:**

   - Legen Sie Farbschemata fest (idealerweise mit strategischer Bedeutung)
   - Bestimmen Sie Beschriftungen und deren Detaillierungsgrad
   - Spezifizieren Sie die Achsenskalierung und Intervalle

4. **Kontextuelle Integration anleiten:**

   - Erläutern Sie, wie die Visualisierung in Ihre Präsentation eingebettet wird
   - Geben Sie an, welche Erkenntnisse hervorgehoben werden sollen

- Definieren Sie eine klare Headline, die die Kernbotschaft transportiert

Ein Supply-Chain-Manager formulierte folgenden effektiven Prompt: "Erstelle ein kombiniertes Linien- und Flächendiagramm basierend auf den Daten in Tabelle 'Szenario_Analyse'. Zeige die drei Lieferkettenpfade (Spalten C, E, G) als farblich unterschiedliche Linien. Füge unter jeder Linie halbtransparente Flächen hinzu, um die Kostendifferenz zum Baseline-Szenario zu visualisieren. Markiere die Punkte, an denen Pfad 2 und 3 Einsparungen gegenüber Pfad 1 generieren. Verwende ein Blau-Grün-Farbschema und betitle das Diagramm 'Kostenentwicklung alternativer Lieferkettenkonfigurationen 2025-2027'."

Die Integration mehrerer Szenarien in einer einzigen Visualisierung stellt eine besondere Herausforderung dar. Zu viele Informationen können überwältigen, während zu starke Vereinfachung wichtige Nuancen verlieren kann. Mit Copilot können Sie verschiedene Integrationsansätze erkunden:

- **Direkte Überlagerung:** Platzieren Sie verschiedene Pfade im selben Diagramm mit unterschiedlichen Farben oder Linienarten.

- **Small Multiples:** Erstellen Sie mehrere kleine, identisch strukturierte Grafiken nebeneinander für jeden Pfad.

- **Animierte Übergänge:** Nutzen Sie eine Abfolge von Bildern, die den Übergang zwischen verschiedenen Szenarien zeigen.

- **Interaktive Schaltflächen:** Implementieren Sie Auswahloptionen, mit denen Betrachter zwischen Szenarien wechseln können.

Ein Marketingleiter löste dieses Problem elegant mit einem Small-Multiples-Ansatz. Er bat Copilot, drei identisch strukturierte

Liniendiagramme nebeneinander zu erstellen, eines für jedes Budget-Szenario. Diese Anordnung ermöglichte sowohl den direkten Vergleich als auch das Erkennen szenariospezifischer Muster, ohne durch Überkreuzungen oder visuelle Überlastung zu verwirren.

Die strategische Nutzung von Farben, Symbolen und Annotationen kann die Wirkung Ihrer Pfadvisualisierungen dramatisch verstärken. Diese Elemente lenken den Blick des Betrachters, betonen kritische Informationen und schaffen intuitive Assoziationen. Mit Copilot können Sie diese Elemente gezielt einsetzen:

- Verwenden Sie ein konsistentes Farbschema mit klarer Bedeutung (z.b. Grün für optimistisch, Gelb für neutral, Rot für risikobehaftet)

- Markieren Sie entscheidende Schwellenwerte oder Kipppunkte mit visuellen Indikatoren

- Fügen Sie prägnante Annotationen hinzu, die wichtige Erkenntnisse direkt im Diagramm erläutern

Ein Finanzcontroller optimierte seine Cashflow-Szenariovisualisierung durch präzise Farb- und Annotationsanweisungen an Copilot: "Verwende ein Farbverlaufssystem von Rot (negativer Cashflow) über Weiß (Break-even) zu Grün (positiver Cashflow). Markiere die Break-even-Punkte in jedem Szenario mit einem Diamantsymbol. Füge kurze Annotationen hinzu, die kritische externe Ereignisse kennzeichnen (Produkteinführung, Wettbewerbseintritt, Finanzierungsrunde)."

Die narrative Einbettung Ihrer Szenariopfade verleiht Ihren Visualisierungen zusätzliche Überzeugungskraft. Anstatt isolierte Diagramme zu präsentieren, können Sie mit Copilot kohärente visuelle Geschichten erzählen, die Ihre Szenarien in einen größeren Kontext stellen. Dieser narrative Ansatz schafft einen

Spannungsbogen, der die Aufmerksamkeit Ihrer Zielgruppe fesselt und komplexe Zusammenhänge verständlicher macht.

Die wirkungsvollsten Szenario-Visualisierungen erzählen eine dreiteilige Geschichte:

1. **Ausgangssituation und Kontext:**

   - Visualisieren Sie die gegenwärtige Position und Herausforderungen
   - Stellen Sie wichtige Einflussfaktoren dar
   - Etablieren Sie eine visuelle Baseline als Referenzpunkt

2. **Verzweigung und Exploration:**

   - Zeigen Sie, wie sich verschiedene Annahmen auf den Pfad auswirken
   - Machen Sie Divergenzpunkte und ihre Ursachen sichtbar
   - Bieten Sie visuelle Vergleiche zwischen alternativen Entwicklungen

3. **Konsequenzen und Handlungsimplikationen:**

   - Visualisieren Sie die langfristigen Auswirkungen jedes Pfades
   - Heben Sie strategische Entscheidungspunkte hervor
   - Verdeutlichen Sie die Verbindung zu Unternehmenszielen

Ein Strategieberater nutzte diesen narrativen Ansatz für seine Marktpositionierungs-Visualisierung. Mit Copilot erstellte er eine dreiteilige visuelle Geschichte: Zunächst ein Blasendiagramm der aktuellen Marktpositionen, gefolgt von drei divergierenden Pfaden in einem Liniendiagramm, die verschiedene Positionierungsstrategien darstellten, und abschließend ein Matrix-Diagramm, das die resultierenden Marktanteile und Margen jeder Strategie visualisierte. Diese narrative Sequenz machte die komplexe strategische Entscheidung intuitiv nachvollziehbar.

Die Kunst der Pfadvisualisierung mit Copilot transformiert Ihre Szenarien von abstrakten Zahlenreihen zu eindrucksvollen, handlungsorientierten Geschichten. Durch klare Kommunikationsziele, passende Visualisierungsformen, präzise Prompts und narrative Einbettung machen Sie komplexe Zukunftsoptionen greifbar und entscheidungsrelevant. Im nächsten Abschnitt werden wir diese visuellen Erkenntnisse nutzen, um systematisch die Sensitivität Ihrer Prognosen zu testen und robuste Strategien für verschiedene Zukunftspfade zu entwickeln.

4.2 Was-Wäre-Wenn-Analysen Meistern: Sensitivitäten und Risiken Bewerten

4.2.1 Die Sensitivität der Prognose auf Input-Änderungen Testen

Kleine Änderungen können große Wirkungen entfalten. Diese Erkenntnis traf mich mit voller Wucht, als ein sorgfältig entwickeltes Umsatzprognosemodell für ein Technologieunternehmen plötzlich dramatisch von der Realität abwich. Die Ursache? Eine minimale Änderung im Kaufverhalten der Kunden, die unser Modell als unbedeutend eingestuft hatte. Diese Erfahrung lehrte mich eine fundamentale Wahrheit: Die Robustheit einer Prognose zeigt sich nicht in ihrer Präzision unter idealen Bedingungen, sondern in ihrer Stabilität angesichts veränderlicher Inputs. Mit Copilot können Sie diese kritische Dimension systematisch erkunden und Ihre strategischen Entscheidungen auf ein solides Fundament stellen.

Sensitivitätsanalysen transformieren statische Prognosen in dynamische Entscheidungsinstrumente. Sie beantworten die entscheidende Frage: "Wie stark reagiert meine Prognose auf Veränderungen in den Eingabevariablen?" Diese Frage bildet das Herzstück strategischer Robustheit. In meiner Beratungspraxis begegne ich regelmäßig Modellen, die unter Standardbedingungen präzise Ergebnisse liefern, aber bei minimalen Änderungen der Annahmen zusammenbrechen. Die systematische Sensitivitätstestung mit Copilot deckt solche verborgenen Schwachstellen auf, bevor sie zu kostspieligen Fehlentscheidungen führen.

Der Prozess der Sensitivitätsanalyse folgt einem strukturierten Ablauf, den ich als "PULSE"-Methode bezeichne:

1. Priorisierung der Schlüsselvariablen:

   - Identifizieren Sie die kritischen Treiber Ihres Modells
   - Fokussieren Sie auf Variablen mit hoher Unsicherheit oder Volatilität
   - Berücksichtigen Sie sowohl interne als auch externe Faktoren

2. Unsicherheitsspannen definieren:

   - Legen Sie realistische Variationsbereiche für jede Variable fest
   - Bestimmen Sie sowohl moderate als auch extreme Szenarien
   - Nutzen Sie historische Daten und Experteneinschätzungen zur Kalibrierung

3. Linearer vs. nicht-linearer Einfluss:

   - Untersuchen Sie die Art der Beziehung zwischen Input und Output
   - Identifizieren Sie potenzielle Schwellenwerte oder Kipppunkte
   - Achten Sie auf überproportionale Reaktionen bei kombinierten Änderungen

4. Systematische Modellreaktionen messen:

   - Quantifizieren Sie die Auswirkungen der Variationen präzise
   - Erstellen Sie Sensitivitätskennzahlen oder Elastizitäten
   - Visualisieren Sie die Ergebnisse in intuitiven Diagrammen

5. Entscheidungsrelevanz bewerten:

   - Übersetzen Sie die technischen Ergebnisse in strategische Implikationen

- Identifizieren Sie kritische Annahmen mit besonderem Überwachungsbedarf
- Entwickeln Sie Frühwarnindikatoren für Schlüsselvariablen

Ein Finanzcontroller eines Einzelhandelsunternehmens wendete diese Methode auf sein Budgetplanungsmodell an. Die PULSE-Analyse offenbarte, dass minimale Änderungen in der Kundenfrequenz unverhältnismäßig starke Auswirkungen auf das Gesamtergebnis hatten, während moderate Schwankungen in den Großhandelspreisen gut absorbiert wurden. Diese Erkenntnis führte zu einer strategischen Neuausrichtung der Marketingaktivitäten mit Fokus auf Frequenzsteigerung statt Margenerweiterung.

Die Implementierung der PULSE-Methode mit Copilot erfolgt durch präzise formulierte Prompts. Die Qualität Ihrer Sensitivitätsanalyse hängt direkt von der Klarheit Ihrer Anweisungen ab. Basierend auf meinen Erfahrungen haben sich folgende Prompt-Strukturen als besonders effektiv erwiesen:

- Für die Variablenselektion: "Analysiere mein Prognosemodell in Sheet 'Finanzprognose' und identifiziere die 5 Eingabevariablen mit dem größten potenziellen Einfluss auf die Zielvariable 'Operatives Ergebnis'. Bewerte jede Variable nach Einflussstärke, Unsicherheitsgrad und Steuerbarkeit."

- Für die Sensitivitätsberechnung: "Führe eine Sensitivitätsanalyse für das Umsatzprognosemodell durch. Variiere die Eingabevariablen 'Konversionsrate', 'Durchschnittsbestellwert' und 'Werbebudget' um jeweils -20%, -10%, +10% und +20% ihrer Basiswerte. Berechne für jede Variablenkombination die prozentuale Änderung des prognostizierten Jahresumsatzes."

- Für die Identifikation nicht-linearer Beziehungen: "Untersuche, ob die Beziehung zwischen 'Marketingausgaben' und 'Neukundengewinnung' linear ist oder Schwellenwerte aufweist. Teste dazu eine breite Spanne von Werten und visualisiere die Ergebniskurve."

Eine Marketing-Managerin nutzte diesen Ansatz, um die Robustheit ihrer Kampagnenplanung zu prüfen. Der Dialog mit Copilot enthüllte einen unerwarteten Schwellenwert bei Marketinginvestitionen: Unterhalb eines bestimmten Niveaus blieb die Wirkung minimal, während oberhalb dieses Punktes die Effektivität exponentiell anstieg. Diese Erkenntnis führte zu einer Neuallokation des Budgets auf weniger, dafür intensivere Kampagnen.

Die visuelle Darstellung von Sensitivitäten bildet einen kritischen Aspekt effektiver Analysen. Während Zahlentabellen die technischen Details enthalten, ermöglichen Visualisierungen ein intuitives Verständnis der Modellreaktionen. Mit Copilot können Sie verschiedene Visualisierungsformen generieren, die unterschiedliche Aspekte der Sensitivität beleuchten:

1. **Tornado-Diagramme:**

   - Zeigen den relativen Einfluss verschiedener Variablen im Vergleich
   - Sortieren Faktoren nach ihrer Einflussstärke
   - Ermöglichen eine schnelle Identifikation der kritischsten Variablen

2. **Spider-Charts:**

   - Illustrieren die multidimensionale Sensitivität auf einen Blick
   - Zeigen sowohl positive als auch negative Variationen
   - Ermöglichen den Vergleich verschiedener Szenarien

3. **Heatmaps:**

- Visualisieren Wechselwirkungen zwischen zwei Variablen
- Identifizieren Kombinationen mit besonders starken Auswirkungen
- Erleichtern die Erkennung von Mustern und Trends

4. **Sensitivitätskurven:**

- Zeigen den genauen Verlauf der Beziehung zwischen Input und Output
- Enthüllen nicht-lineare Muster und Schwellenwerte
- Ermöglichen präzise Ablesungen an kritischen Punkten

Ein Produktionsleiter nutzte diesen Visualisierungsansatz, um die Sensitivität seiner Kapazitätsplanung zu analysieren. Die von Copilot generierte Heatmap zeigte deutlich, dass bestimmte Kombinationen aus Auftragsgröße und Liefertermin zu drastischen Effizienzverlusten führten. Diese visuelle Erkenntnis führte zur Implementierung eines neuen Auftragsannahmeprozesses, der diese kritischen Kombinationen vermied.

Die dynamische Natur von Sensitivitätsanalysen lässt sich durch interaktive Elemente in Excel optimal nutzen. Mit Copilot können Sie intelligente Datenmodelle erstellen, die unmittelbares Feedback bei Parameteränderungen liefern. Die Implementierung solcher interaktiven Dashboards erfolgt über präzise Anweisungen:

- "Erstelle ein interaktives Dashboard, das die Auswirkungen von Änderungen in den Schlüsselvariablen 'Preis', 'Nachfrage' und 'Fixkosten' auf den Deckungsbeitrag in Echtzeit visualisiert. Nutze Schieberegler für die Eingabevariablen und zeige sowohl absolute als auch prozentuale Änderungen."

- "Implementiere ein Sensitivitäts-Cockpit mit Dropdown-Menüs für verschiedene Szenarien und automatisch aktualisierende Grafiken, die die Modellreaktionen darstellen."

Ein Supply-Chain-Manager entwickelte mit dieser Methode ein interaktives Bestandsoptimierungsmodell. Das Dashboard ermöglichte seinem Team, verschiedene Annahmen zu Lieferzeiten, Nachfrageschwankungen und Servicelevels in Echtzeit zu testen und die optimalen Sicherheitsbestände für verschiedene Szenarien zu ermitteln. Die Transparenz der Zusammenhänge führte zu einem fundamentalen Wandel in der Bestandsstrategie des Unternehmens.

Die Identifikation kritischer Schwellenwerte und Kipppunkte bildet einen besonders wertvollen Aspekt der Sensitivitätsanalyse. Diese Punkte markieren Bereiche, in denen kleine Änderungen überproportionale Auswirkungen haben oder qualitative Veränderungen im Systemverhalten auslösen. Mit Copilot können Sie systematisch nach solchen Punkten suchen:

- "Analysiere das Cashflow-Modell und identifiziere kritische Schwellenwerte für die Variable 'Zahlungsziel', ab denen Liquiditätsengpässe entstehen könnten. Bestimme präzise Werte und zeitliche Horizonte."

- "Untersuche, ob es in unserem Pricing-Modell Elastizitätsschwellen gibt, an denen die Kundenreaktion sprunghaft ansteigt oder abfällt. Quantifiziere diese Schwellenwerte und ihre Auswirkungen auf den Gesamtumsatz."

Ein Vertriebsleiter nutzte diesen Ansatz, um die Preissensitivität verschiedener Produktsegmente zu analysieren. Copilot identifizierte einen überraschenden Kipppunkt im Premium-Segment: Während moderate Preiserhöhungen kaum Auswirkungen zeigten, führten Erhöhungen über 12% zu einer drastischen Abwanderung zu Mitbewerbern. Diese präzise

Erkenntnis ermöglichte eine differenzierte Preisstrategie, die die Sensitivitätsschwellen jedes Segments berücksichtigte.

Die Integration von Sensitivitätsanalysen in den regulären Planungs- und Entscheidungsprozess markiert den Unterschied zwischen gelegentlicher und systematischer Risikobewertung. Mit Copilot können Sie standardisierte Routinen entwickeln, die regelmäßige Sensitivitätsprüfungen in Ihren Arbeitsablauf integrieren:

- "Erstelle eine automatisierte Routine, die nach jeder Aktualisierung unserer Umsatzprognose eine Sensitivitätsanalyse der Top-5-Einflussfaktoren durchführt und die Ergebnisse in einem separaten Dashboard darstellt."

- "Entwickle einen monatlichen Sensitivitätsbericht, der Veränderungen in der Modellrobustheit über Zeit verfolgt und potenzielle neue Risikofaktoren identifiziert."

Ein Finanzplaner implementierte diesen Ansatz für seinen Jahresbudgetprozess. Die routinemäßige Sensitivitätsanalyse mit Copilot entwickelte sich zu einem integralen Bestandteil des Planungszyklus und führte zu einer kontinuierlichen Verbesserung der Modellannahmen basierend auf den identifizierten Sensitivitäten.

Die Verknüpfung von Sensitivitätsanalysen mit konkreten Handlungsstrategien bildet den krönenden Abschluss des Prozesses. Der wahre Wert liegt nicht in der technischen Analyse, sondern in den strategischen Implikationen. Mit Copilot können Sie Brücken zwischen analytischen Erkenntnissen und praktischen Entscheidungen bauen:

- "Entwickle basierend auf unserer Sensitivitätsanalyse konkrete Handlungsempfehlungen für die drei kritischsten Einflussfaktoren. Schlage proaktive Maßnahmen zur

Risikominimierung und reaktive Pläne für unerwartete Änderungen vor."

- "Erstelle ein Entscheidungsrahmenwerk, das basierend auf den Sensitivitätsergebnissen klare Trigger-Punkte für strategische Anpassungen definiert."

Die systematische Sensitivitätstestung mit Copilot transformiert Ihre Prognosen von starren Aussagen zu dynamischen Entscheidungsinstrumenten. Sie gewinnen nicht nur ein tieferes Verständnis der Einflussfaktoren und ihrer Wechselwirkungen, sondern auch konkrete Handlungsoptionen für verschiedene Entwicklungsszenarien. Im nächsten Abschnitt werden wir darauf aufbauen und lernen, wie Sie diese Erkenntnisse überzeugend für Stakeholder kommunizieren können, um fundierte strategische Entscheidungen zu ermöglichen.

4.2.2 Aussagekräftige Szenario-Ergebnisse für Stakeholder Kommunizieren

Die brillanteste Analyse bleibt wirkungslos, wenn sie nicht überzeugend kommuniziert wird. Diese schmerzliche Wahrheit lernte ich, als ein technisch perfektes Szenariomodell vom Vorstand mit skeptischen Blicken quittiert wurde. Das Problem? Nicht die Analyse selbst, sondern ihre Präsentation: komplexe Tabellen, überladene Diagramme, fachliche Terminologie und keine klare Handlungsableitung. Der entscheidende Durchbruch kam erst, als ich das Modell in eine Geschichte verwandelte, die relevante Zukunftsbilder mit konkreten Entscheidungsoptionen verband. Mit Copilot steht Ihnen ein mächtiger Partner zur Seite, der Ihnen hilft, genau diese Transformation von technischen Erkenntnissen zu überzeugenden Entscheidungsgrundlagen zu meistern.

Die Kunst der Kommunikation von Szenario-Ergebnissen besteht darin, Komplexität zu reduzieren, ohne Nuancen zu verlieren. In einer Welt, in der Entscheidungsträger mit Informationen überflutet werden, müssen Ihre Erkenntnisse nicht nur sachlich korrekt, sondern auch unmittelbar verständlich und handlungsrelevant sein. Copilot kann diesen Prozess revolutionieren, indem es komplexe Datenstrukturen in klare Narrative übersetzt und maßgeschneiderte Visualisierungen erstellt, die genau auf Ihre Zielgruppe zugeschnitten sind.

Die Grundlage erfolgreicher Szenariokommunikation bildet ein klares Verständnis Ihrer Stakeholder. Verschiedene Entscheidungsträger haben unterschiedliche Perspektiven, Prioritäten und Präferenzen in der Informationsaufnahme. Ich strukturiere die Stakeholderanalyse für die Kommunikation nach dem "KLAR"-Prinzip:

1. **K**erninteressen identifizieren:

    - Welche spezifischen Entscheidungen muss dieser Stakeholder treffen?
    - Welche Metriken und KPIs sind für ihn besonders relevant?
    - Welche strategischen Prioritäten verfolgt er aktuell?

2. **L**evel der technischen Detailtiefe bestimmen:

    - Wie vertraut ist der Stakeholder mit statistischen Konzepten?
    - Bevorzugt er aggregierte Übersichten oder detaillierte Einblicke?
    - Welches Vorwissen kann vorausgesetzt werden?

3. **A**ufmerksamkeitsspanne und Präferenzformat berücksichtigen:

    - Steht dem Stakeholder viel oder wenig Zeit zur Verfügung?

- Bevorzugt er visuelle, textliche oder interaktive Kommunikation?
- In welchem Kontext werden die Ergebnisse präsentiert?

4. **R**isiko- und Chancenorientierung verstehen:

- Ist der Stakeholder eher risikoavers oder chancenorientiert?
- Welche Art von Unsicherheiten sind für seine Entscheidungen relevant?
- Wie sollten Wahrscheinlichkeiten und Sicherheitsgrade kommuniziert werden?

Ein Vertriebsleiter nutzte dieses Prinzip für seine Markteintrittsszenarien. Mit Copilot analysierte er die spezifischen Informationsbedürfnisse verschiedener Vorstandsmitglieder und erstellte maßgeschneiderte Kommunikationsformate: Für den technisch versierten CTO detaillierte interaktive Modelle, für den CFO fokussierte ROI-Analysen und für den CEO eine strategische Übersicht mit klaren Entscheidungspunkten. Dieser differenzierte Ansatz führte zu einer wesentlich produktiveren Strategiediskussion und schnelleren Entscheidungsfindung.

Die narrative Strukturierung komplexer Szenario-Ergebnisse bildet einen entscheidenden Erfolgsfaktor in der Kommunikation. Menschen denken in Geschichten, nicht in Datenreihen. Mit Copilot können Sie Ihre analytischen Erkenntnisse in überzeugende Narrative transformieren, die Aufmerksamkeit fesseln und Verständnis fördern. Ich verwende einen "Drei-Akt-Ansatz" für die Strukturierung:

1. **Ausgangssituation und Kontext:**

- Beschreiben Sie die aktuelle Situation und Herausforderung
- Erläutern Sie die relevanten Einflussfaktoren und Unsicherheiten

- Stellen Sie die zentrale Fragestellung klar dar

2. **Szenario-Exploration:**

   - Präsentieren Sie die verschiedenen Zukunftsbilder mit ihren Charakteristika
   - Erklären Sie die zugrundeliegenden Annahmen und deren Plausibilität
   - Vergleichen Sie die Auswirkungen verschiedener Szenarien auf Schlüsselkennzahlen

3. **Strategische Implikationen:**

   - Leiten Sie konkrete Handlungsoptionen aus den Szenarien ab
   - Identifizieren Sie Frühwarnindikatoren für kritische Entwicklungen
   - Präsentieren Sie einen klaren Entscheidungsrahmen

Ein Supply-Chain-Manager nutzte diesen Ansatz für seine Lieferkettenoptimierung. Statt technischer Details präsentierte er eine Geschichte über drei mögliche Zukunftsentwicklungen der globalen Logistik, deren konkrete Auswirkungen auf Lieferzeiten und Kosten sowie resultierende Handlungsoptionen für die Unternehmensstrategie. Diese narrative Struktur machte die komplexen Zusammenhänge für alle Stakeholder greifbar und führte zu einer informierten Entscheidung für eine adaptive Beschaffungsstrategie.

Die visuelle Kommunikation bildet die Brücke zwischen komplexen Daten und intuitivem Verständnis. Mit Copilot können Sie maßgeschneiderte Visualisierungen erstellen, die genau auf Ihre Kommunikationsziele und Zielgruppe zugeschnitten sind. Für die effektive Visualisierung von Szenario-Ergebnissen empfehle ich diese spezifischen Formate:

- **Szenario-Fächer:** Zeigt die Bandbreite möglicher Entwicklungen einer Schlüsselvariable über Zeit, mit farblicher Markierung verschiedener Szenarien und Hervorhebung von Referenzwerten oder Schwellenwerten.

- **Spinnendiagramme:** Vergleicht mehrere Szenarien über verschiedene Dimensionen hinweg und macht Stärken, Schwächen und Trade-offs auf einen Blick sichtbar.

- **Entscheidungsbäume:** Visualisiert Verzweigungspunkte, Optionen und deren Konsequenzen und unterstützt so strukturierte Entscheidungsprozesse.

- **Heatmaps:** Zeigt die kombinierten Auswirkungen verschiedener Faktoren und hilft, kritische Zonen oder günstige Bereiche zu identifizieren.

Ein Finanzcontroller nutzte diese Visualisierungsformen, um Investitionsszenarien darzustellen. Mit Copilot generierte er einen Szenario-Fächer, der die möglichen ROI-Entwicklungen über fünf Jahre zeigte, kombiniert mit einer Heatmap, die das Zusammenspiel von Investitionsvolumen und Marktentwicklung darstellte. Diese visuellen Elemente ermöglichten dem Vorstand ein sofortiges Verständnis der Chancen und Risiken verschiedener Optionen.

Die Nutzung von Copilot für die Entwicklung überzeugender Visualisierungen erfolgt durch spezifische, zielgerichtete Prompts. Die Qualität der generierten Visualisierungen hängt direkt von der Präzision Ihrer Anweisungen ab. Besonders effektive Prompt-Strukturen für Szenario-Visualisierungen umfassen:

1. **Visualisierungstyp und Zweck:**

   - Spezifizieren Sie das gewünschte Format und seinen kommunikativen Zweck
   - Definieren Sie die zu vermittelnde Kernbotschaft
2. **Datenbezug und Szenarien:**

- Referenzieren Sie die darzustellenden Daten und Szenarien
- Definieren Sie die relevanten Dimensionen und Vergleichspunkte

3. **Visuelle Hierarchie:**

- Legen Sie fest, welche Elemente hervorgehoben werden sollen
- Bestimmen Sie eine intuitive Farbcodierung und Legende

4. **Kontextuelle Integration:**

- Erläutern Sie, wie die Visualisierung in Ihre Gesamtkommunikation eingebettet wird
- Geben Sie an, welche Erkenntnisse besonders betont werden sollen

Ein konkreter Beispiel-Prompt könnte lauten: "Erstelle ein Spinnendiagramm, das unsere drei Vertriebsszenarien (konservativ, moderat, aggressiv) anhand von fünf Schlüsselmetriken (Umsatz, Marge, Kundenakquise, Marktanteil, ROI) vergleicht. Verwende ein Blau-Grün-Farbschema für die verschiedenen Szenarien und markiere Schwellenwerte, ab denen strategische Ziele erreicht werden. Das Diagramm soll die Stärken des aggressiven Szenarios bei Wachstumsmetriken und die Vorteile des konservativen Ansatzes bei Stabilitätskennzahlen verdeutlichen."

Die interaktive Präsentation von Szenarien eröffnet neue Dimensionen in der Stakeholderkommunikation. Statische Berichte werden zunehmend durch dynamische, interaktive Dashboards ersetzt, die es Entscheidungsträgern ermöglichen, selbständig verschiedene Parameter zu variieren und die resultierenden Auswirkungen zu erkunden. Mit Copilot können Sie solche interaktiven Elemente konzipieren und in Excel oder andere Präsentationsformate integrieren.

Effektive interaktive Elemente für Szenariokommunikation umfassen:

- **Parameterslider:** Ermöglichen die dynamische Variation von Schlüsselvariablen und sofortige Visualisierung der Ergebnisse.

- **Szenarioauswahl:** Erlaubt das Umschalten zwischen vordefinierten Szenarien mit automatischer Aktualisierung aller verknüpften Visualisierungen.

- **Detailexploration:** Bietet die Möglichkeit, in bestimmte Aspekte eines Szenarios tiefer einzutauchen und zusätzliche Detailinformationen abzurufen.

- **Entscheidungssimulation:** Ermöglicht das Testen verschiedener strategischer Optionen und deren Auswirkungen unter den Bedingungen unterschiedlicher Szenarien.

Ein Produktmanager nutzte diesen Ansatz für seine Portfoliostrategie. Mit Copilot entwickelte er ein interaktives Dashboard, das es dem Management ermöglichte, verschiedene Produktentwicklungsszenarien zu erkunden und deren Auswirkungen auf Umsatz, Kosten und Marktposition zu simulieren. Diese interaktive Erfahrung transformierte eine potentiell abstrakte Strategie-Diskussion in einen konkreten Entscheidungsprozess mit unmittelbarem Feedback.

Die erfolgreiche Kommunikation von Szenario-Ergebnissen erfordert nicht nur technische Kompetenz, sondern auch kommunikative Sensibilität. Copilot kann Ihnen dabei helfen, typische Kommunikationsfallen zu vermeiden und Vertrauen in Ihre Analysen aufzubauen. Besonders wichtige Aspekte sind:

- **Transparenz über Annahmen:** Machen Sie die zugrundeliegenden Annahmen Ihrer Szenarien transparent, ohne in technische Details zu versinken.

Copilot kann komplexe Annahmengerüste in verständliche Zusammenfassungen übersetzen.

- **Ausgewogene Darstellung:** Präsentieren Sie sowohl Chancen als auch Risiken in einer ausgewogenen Weise, ohne in Alarmismus oder übertriebenen Optimismus zu verfallen. Copilot kann bei der Formulierung ausgewogener Beschreibungen unterstützen.

- **Klarheit über Unsicherheiten:** Kommunizieren Sie klar, mit welcher Sicherheit bestimmte Entwicklungen erwartet werden können. Copilot kann helfen, probabilistische Aussagen in nachvollziehbare Sprache zu übersetzen.

Die Transformation komplexer Szenario-Analysen in überzeugende Entscheidungsgrundlagen mit Copilot markiert den Unterschied zwischen technischer Expertise und strategischem Einfluss. Durch zielgruppengerechte Kommunikation, narrative Strukturierung, wirksame Visualisierung und interaktive Elemente schaffen Sie nicht nur Verständnis für mögliche Zukunftsbilder, sondern befähigen Entscheidungsträger zu informierten, zukunftsorientierten Weichenstellungen. Im nächsten Kapitel werden wir darauf aufbauen und zeigen, wie Sie die gewonnenen Erkenntnisse in konkrete strategische Implementierung überführen können.

5. Strategische Implementierung: Copilot-Einblicke in Entscheidungen Übersetzen

Die Brücke zwischen brillanter Analyse und konkreter Handlung markiert die entscheidende Schwelle strategischer Implementierung. Nach einer Vorstandspräsentation, in der ich detaillierte Marktprognosen vorgestellt hatte, stellte mir der CEO eine scheinbar einfache Frage: "Und jetzt? Was tun wir konkret am Montag?" Dieser Moment kristallisierte eine fundamentale Wahrheit: Die elegantesten prädiktiven Modelle bleiben wertlos ohne klare Handlungsableitungen. In diesem Kapitel zeige ich Ihnen, wie Sie den kritischen Übergang von Copilot-generierten Erkenntnissen zu wirkungsvollen strategischen Maßnahmen meistern können.

Der Weg von datengetriebenen Prognosen zu praktischer Implementierung ähnelt dem Übersetzen zwischen zwei Sprachen. Auf der einen Seite steht die analytische Sprache Ihrer Excel-Modelle mit Zahlen, Trends und Wahrscheinlichkeiten. Auf der anderen Seite wartet die Handlungssprache des Managements mit Entscheidungen, Ressourcenzuweisungen und messbaren Zielen. Die Kunst der strategischen Implementierung liegt darin, diese Übersetzung so präzise und überzeugend zu gestalten, dass sie unmittelbar zu konkreten Maßnahmen führt.

Meine Erfahrung in der Unternehmensberatung hat mir gezeigt, dass dieser Übersetzungsprozess systematisch angegangen werden muss. Viele technisch brillante Analysten scheitern an diesem

Punkt, weil sie Erkenntnisse nicht in handlungsorientierte Empfehlungen transformieren können. Mit Copilot als Partner können Sie diesen Prozess revolutionieren und eine direkte Verbindung zwischen analytischen Erkenntnissen und praktischer Umsetzung schaffen.

Die zentrale Herausforderung liegt im Überbrücken zweier fundamental unterschiedlicher Denkweisen. Prädiktive Modellierung lebt von Wahrscheinlichkeiten, Verteilungen und statistischen Zusammenhängen. Strategische Entscheidungen erfordern hingegen Klarheit, Überzeugung und konkrete Handlungspfade. Der Schlüssel zu erfolgreicher Implementierung liegt nicht im Verkomplizieren, sondern im gezielten Vereinfachen und Kontextualisieren komplexer Erkenntnisse.

Ein Finanzcontroller eines mittelständischen Unternehmens beschrieb mir seinen Durchbruch: "Früher lieferte ich dem Vorstand seitenweise Analyseergebnisse mit komplexen Szenarien. Heute präsentiere ich drei konkrete Handlungsoptionen mit klaren Konsequenzen und einer begründeten Empfehlung. Die Entscheidungsgeschwindigkeit hat sich verdreifacht." Diese Transformation von Analyse zu Handlung bildet das Kernstück dieses Kapitels.

Der Prozess der strategischen Implementierung von Copilot-generierten Erkenntnissen umfasst vier wesentliche Dimensionen, die wir in diesem Kapitel erkunden werden:

1. **Von Daten zu Entscheidungen:**

   - Transformation komplexer Analyseergebnisse in klare Handlungsoptionen
   - Quantifizierung der Konsequenzen verschiedener Entscheidungspfade
   - Entwicklung überzeugender Narrative für Entscheidungsträger

2. Vertrauensbildung für Copilot-gestützte Entscheidungen:

- Überwindung von Skepsis gegenüber KI-gestützten Prognosen
- Balance zwischen Modellerkenntnissen und menschlichem Urteilsvermögen
- Etablierung transparenter Entscheidungsprozesse

3. Skalierung des Ansatzes:

- Demokratisierung prädiktiver Modellierung im gesamten Team
- Etablierung gemeinsamer Standards und Best Practices
- Aufbau einer datengetriebenen Entscheidungskultur

4. Organisatorische Akzeptanz:

- Überwindung von Widerständen gegen neue Prognosemethoden
- Integration in bestehende Planungs- und Entscheidungsprozesse
- Aufbau von Fähigkeiten und Kompetenzentwicklung im Team

Ein Supply-Chain-Manager eines Produktionsunternehmens wandte diesen systematischen Ansatz an, um seine Copilot-gestützten Bestandsoptimierungsmodelle im Unternehmen zu etablieren. Statt sich auf technische Details zu konzentrieren, übersetzte er die Erkenntnisse in drei konkrete Handlungsszenarien mit quantifizierten Kosten- und Serviceauswirkungen. Diese greifbare Darstellung führte zur sofortigen Freigabe des Projekts durch den Vorstand und einer erfolgreichen Implementierung innerhalb weniger Wochen.

Der Übergang von Analyse zu Handlung erfordert eine fundamentale Verschiebung der Kommunikationsstrategie.

Während der Analysephase stehen Genauigkeit, Methodik und statistische Validität im Vordergrund, rücken bei der Implementierung Klarheit, Handlungsorientierung und Ergebniswirkung ins Zentrum. Diese Verschiebung müssen Sie bewusst vollziehen und Ihre Kommunikation entsprechend anpassen.

Ein Marketingleiter beschrieb mir seinen Lernprozess: "Ich verbrachte Wochen damit, mit Copilot ein perfektes prädiktives Modell für Kampagneneffektivität zu entwickeln. Als ich es dem Vorstand präsentierte, erhielt ich zwar Anerkennung für die Analyse, aber keine Entscheidung. Erst als ich die Erkenntnisse in drei konkrete Budget-Szenarien mit klaren ROI-Projektionen übersetzte, bekam ich grünes Licht für die Umsetzung."

Die erfolgreiche Integration von Copilot-gestützten Analysen in den Entscheidungsprozess erfordert eine präzise Balance zwischen technischer Tiefe und praktischer Anwendbarkeit. Sie müssen ausreichend methodische Einblicke geben, um Vertrauen in die Ergebnisse zu schaffen, ohne sich in technischen Details zu verlieren. Diese Balance ist keine feste Größe, sondern muss für jede Zielgruppe und jeden Entscheidungskontext neu kalibriert werden.

Die Einbettung von Copilot-generierten Erkenntnissen in bestehende Entscheidungsprozesse stellt einen kritischen Erfolgsfaktor dar. Anstatt vollständig neue Prozesse zu etablieren, sollten Sie vorhandene Planungs- und Entscheidungszyklen als Anknüpfungspunkte nutzen. Diese Integration reduziert Widerstände und erleichtert die Akzeptanz der neuen Methoden.

Ein Finanzplaner erzielte durchschlagenden Erfolg, indem er seine Copilot-gestützten Cashflow-Prognosen nahtlos in den bestehenden Quartalsprognosezyklus integrierte. Statt ein separates "KI-Projekt" zu lancieren, präsentierte er die neuen Methoden als Erweiterung und Verbesserung des etablierten Prozesses. Diese evolutionäre statt revolutionäre Positionierung führte zu breiter Akzeptanz und schneller Adoption im gesamten Finanzteam.

Die Demokratisierung prädiktiver Modellierung durch Copilot eröffnet völlig neue Möglichkeiten für teams- und abteilungsübergreifende Zusammenarbeit. Während traditionelle fortgeschrittene Analyseansätze oft in Expertensilos verblieben, ermöglicht die Zugänglichkeit von Copilot eine breite Beteiligung verschiedener Stakeholder. Diese kollaborative Dimension verstärkt die Implementierungswirksamkeit erheblich, da Entscheidungsträger den Analyseprozess mitgestalten können.

Ein Controller beschrieb diesen Effekt treffend: "Früher lieferte die Analyseabteilung fertige Berichte, die oft an den eigentlichen Bedürfnissen vorbei gingen. Mit unserem Copilot-gestützten Ansatz können Manager ihre spezifischen Fragen direkt einbringen und Szenarien selbst explorieren. Die Entscheidungsqualität und -geschwindigkeit haben sich dramatisch verbessert."

Die Etablierung einer positiven Feedback-Schleife zwischen Prognosen und Ergebnissen bildet einen entscheidenden Aspekt erfolgreicher Implementierung. Durch systematisches Tracking der prognostizierten versus tatsächlichen Ergebnisse schaffen Sie nicht nur Transparenz, sondern auch kontinuierliche Verbesserungsmöglichkeiten. Diese Tracking-Mechanismen sollten von Anfang an in Ihren Implementierungsplan integriert werden.

Die Führung durch Beispiel stellt einen unschätzbaren Katalysator für organisatorische Akzeptanz dar. Wenn Entscheidungsträger selbst beginnen, ihre Entscheidungen auf Copilot-gestützte Prognosen zu stützen und dies transparent kommunizieren, hat dies eine starke Signalwirkung auf die gesamte Organisation. Suchen Sie aktiv nach frühen Erfolgsbeispielen und kommunizieren Sie diese breit.

In den folgenden Abschnitten werden wir tiefer in die spezifischen Herausforderungen und Lösungsansätze der strategischen

Implementierung eintauchen. Sie werden lernen, wie Sie Copilot-Erkenntnisse in überzeugende Management-Berichte übersetzen, Vertrauen für KI-gestützte Prognosen aufbauen, Best Practices in Ihrem Team etablieren und eine nachhaltige Akzeptanz für innovative Prognosemethoden fördern können. Diese Fähigkeiten werden Ihnen helfen, den entscheidenden Schritt von analytischer Exzellenz zu strategischer Wirksamkeit zu vollziehen und den wahren Wert Ihrer prädiktiven Modelle zu realisieren.

5.1 Von Daten zu Entscheidungen: Modellergebnisse in Handlungsstrategien Umwandeln

5.1.1 Copilot-Zusammenfassungen für Effektives Management-Reporting Nutzen

Die Kunst des Management-Reportings gleicht einem Balanceakt zwischen Detailtiefe und Klarheit. "Ich verstehe Ihre Analyse nicht," gestand mir ein CEO nach meiner datenreichen Präsentation, die technisch perfekt, aber kommunikativ verfehlt war. Dieser Moment lehrte mich eine entscheidende Lektion: Die brillantesten Analysen bleiben wirkungslos, wenn sie nicht managementgerecht aufbereitet werden. Mit Copilot verfügen Sie nun über einen leistungsstarken Partner, der Ihnen hilft, diese Kommunikationslücke zu überbrücken und Ihre datengestützten Erkenntnisse in überzeugende Management-Berichte zu transformieren.

Die Transformation komplexer Modellergebnisse in klare, handlungsorientierte Berichte bildet die Grundlage für datengestützte Entscheidungsprozesse. Meine Erfahrung zeigt, dass viele Excel-Experten zwar hervorragende Modelle entwickeln, aber an der effektiven Kommunikation ihrer Erkenntnisse scheitern. Mit den richtigen Copilot-Prompts können Sie diesen Prozess revolutionieren und Ihre analytischen Einsichten präzise auf die Informationsbedürfnisse Ihrer Entscheidungsträger zuschneiden.

Die zentrale Herausforderung des Management-Reportings liegt in der Übersetzung zwischen zwei fundamental unterschiedlichen Sprachen: der detaillierten, technischen Sprache der Analyse und der ergebnisorientierten, strategischen Sprache des Managements. Diese Übersetzungsleistung erfordert sowohl inhaltliches Verständnis als auch kommunikatives Geschick. Copilot kann diesen Prozess unterstützen, indem es komplexe Modellerkenntnisse in klare, zielgruppengerechte Narrative übersetzt.

Ein wirkungsvolles Management-Reporting mit Copilot-Unterstützung folgt einem strukturierten Prozess, den ich als "KLAR"-Methode bezeichne:

1. **Kernbotschaften identifizieren:**

   - Destillieren Sie die wichtigsten Erkenntnisse aus Ihren Modellen
   - Priorisieren Sie nach strategischer Relevanz und Handlungsbedarf
   - Fokussieren Sie auf entscheidungsrelevante Informationen

2. **Leserorientierung sicherstellen:**

   - Passen Sie Inhalt und Stil an die spezifische Zielgruppe an
   - Berücksichtigen Sie Vorwissen und Informationsbedürfnisse
   - Wählen Sie die passende Detailtiefe und Fachsprache

3. **Aktionsorientierung schaffen:**

   - Übersetzen Sie Erkenntnisse in konkrete Handlungsoptionen
   - Verdeutlichen Sie Implikationen für strategische Entscheidungen
   - Zeigen Sie klar definierte nächste Schritte auf

4. **Relevante Visualisierung integrieren:**

   - Wählen Sie aussagekräftige Darstellungsformen
   - Reduzieren Sie visuelle Komplexität auf das Wesentliche
   - Stellen Sie sicher, dass jedes visuelle Element einen klaren Zweck erfüllt

Ein Controller nutzte diesen Ansatz für sein Quartalsbericht. Anstatt dem Vorstand 30 Seiten Datenanalyse zu präsentieren, ließ er Copilot die Kernbotschaften extrahieren und visualisieren. Das Ergebnis war ein prägnanter, handlungsorientierter Bericht, der direkt zu einer strategischen Diskussion und klaren Entscheidungen führte, statt zu Rückfragen über Datendetails.

Die Formulierung effektiver Prompts für Management-Berichte bildet den Schlüssel zur optimalen Nutzung von Copilot. Der Prompt sollte präzise definieren, welche Art von Zusammenfassung Sie benötigen und für welche Zielgruppe. Meine Erfahrung zeigt, dass folgende Prompt-Struktur besonders wirkungsvoll ist:

- "Fasse die wichtigsten Erkenntnisse aus meiner Excel-Analyse [Tabellenname oder Bereich] für [spezifische Zielgruppe, z.b. 'Vorstand', 'Abteilungsleiter Marketing'] zusammen. Fokussiere auf [spezifische Aspekte, z.b. 'strategische Implikationen', 'Handlungsoptionen', 'Risiken']. Der Bericht sollte [Länge, z.b. 'maximal eine Seite'] umfassen und [spezifische Visualisierungen] enthalten. Der Ton sollte [gewünschter Kommunikationsstil] sein."

Ein konkretes Beispiel aus meiner Beratungspraxis:

- "Fasse die Ergebnisse der Szenarioanalyse in Tabelle 'Marktexpansion_2024' für den Vorstand zusammen. Fokussiere auf die drei Hauptszenarien, ihre finanziellen Auswirkungen und strategischen Implikationen. Erstelle eine prägnante Executive Summary von maximal 300 Wörtern mit einer visuellen Gegenüberstellung der Szenarien. Der Ton sollte klar, strategisch und handlungsorientiert sein."

Die Anpassung an unterschiedliche Management-Ebenen und Funktionsbereiche erfordert ein tiefes Verständnis verschiedener Informationsbedürfnisse. Durch gezielte Prompts können Sie

Copilot anweisen, dieselben Modellergebnisse für verschiedene Stakeholder maßgeschneidert aufzubereiten:

- Für den CEO: Fokus auf strategische Implikationen, Marktpositionierung und langfristige Wertschöpfung
- Für den CFO: Betonung finanzieller Auswirkungen, ROI-Betrachtungen und Risikobewertungen
- Für den COO: Konzentration auf operative Umsetzbarkeit, Ressourcenbedarf und Implementierungsschritte
- Für Abteilungsleiter: Relevanz für spezifische Funktionsbereiche, konkrete Handlungsanweisungen

Ein Produktmanager nutzte diesen differenzierten Ansatz für seine Markteinführungsanalyse. Mit Copilot erstellte er aus demselben Datenmodell unterschiedliche Berichte: eine strategische Übersicht für den Vorstand, eine detaillierte Ressourcenplanung für Operations und eine zielgruppenspezifische Umsetzungsstrategie für das Marketingteam. Diese maßgeschneiderte Kommunikation führte zu abgestimmten Entscheidungen auf allen Ebenen.

Die visuelle Darstellung komprimierter Informationen bildet einen besonders wertvollen Aspekt Copilot-gestützter Management-Berichte. Mit präzisen Prompts können Sie Copilot dazu anleiten, Ihre komplexen Modellergebnisse in aussagekräftige Visualisierungen zu übersetzen:

- "Erstelle ein Dashboard mit den vier wichtigsten KPIs aus meiner Analyse. Verwende ein intuitives Ampelsystem zur Statusbewertung und zeige Trends der letzten 12 Monate."

- "Visualisiere die Szenariovergleiche als kompakte Matrix, die Ressourcenbedarf, ROI und Risikobewertung für jedes Szenario darstellt."

Ein Finanzcontroller revolutionierte seine Berichterstattung mit diesem Ansatz. Statt der üblichen Excel-Tabellen präsentierte er ein von Copilot generiertes visuelles Narrativ, das die Cashflow-Entwicklung verschiedener Geschäftsbereiche darstellte und kritische Interventionspunkte hervorhob. Diese visuelle Klarheit führte zu einer sofortigen Zustimmung für Ressourcenumverteilungen, die zuvor monatelang diskutiert worden waren.

Die Erstellung eines effektiven Executive Summary bildet oft den kritischsten Teil des Management-Reportings. Diese kurze Zusammenfassung entscheidet häufig darüber, ob Ihre detaillierte Analyse überhaupt Beachtung findet. Mit Copilot können Sie diesen Prozess optimieren:

- "Erstelle eine prägnante Executive Summary (max. 250 Wörter) für meine Vertriebsanalyse. Hebe die drei wichtigsten Erkenntnisse hervor, quantifiziere die Potenziale und formuliere klare Handlungsempfehlungen. Verwende eine direkte, ergebnisorientierte Sprache und vermeide technische Details."

Die Struktur eines wirkungsvollen Executive Summary folgt typischerweise diesem Muster:

1. **Eröffnung mit Kernbotschaft:**

   - Präsentieren Sie sofort die wichtigste Erkenntnis
   - Schaffen Sie strategischen Kontext
   - Wecken Sie Interesse für die Details
2. **Verdichtete Schlüsselerkenntnisse:**

   - Präsentieren Sie 3-5 zentrale Einsichten
   - Untermauern Sie diese mit prägnanten Daten
   - Zeigen Sie Zusammenhänge zwischen den Erkenntnissen
3. **Konkrete Handlungsempfehlungen:**

   - Leiten Sie klare Aktionen aus den Erkenntnissen ab
   - Priorisieren Sie nach Dringlichkeit und Wirkung
   - Verknüpfen Sie mit strategischen Zielen

Ein Marketingleiter eines E-Commerce-Unternehmens nutzte diesen Ansatz für seine Kampagnenanalyse. Das von Copilot generierte Executive Summary destillierte eine komplexe Multikanal-Analyse in drei klare Erkenntnisse mit konkreten Budgetempfehlungen. Diese Prägnanz führte zu einer sofortigen Genehmigung seiner Strategie statt der üblichen Nachforderungen weiterer Analysen.

Die Integration von Risikobewertung und Unsicherheitsanalyse bildet einen entscheidenden Aspekt überzeugender Management-Berichte. Entscheidungsträger müssen nicht nur verstehen, was Ihre Modelle vorhersagen, sondern auch, mit welcher Sicherheit diese Prognosen gelten. Mit Copilot können Sie diese Dimension transparent kommunizieren:

- "Erstelle eine übersichtliche Darstellung der Hauptannahmen meines Modells und bewerte für jede Annahme den Sicherheitsgrad (hoch, mittel, gering). Ergänze eine Sensitivitätsanalyse, die zeigt, wie sich Abweichungen bei kritischen Annahmen auf das Gesamtergebnis auswirken würden."

Ein Supply-Chain-Manager nutzte diesen Ansatz für seine Bestandsoptimierungsanalyse. Der generierte Bericht machte transparent, dass die Prognosegenauigkeit stark von den Annahmen zu Lieferzeiten abhing. Diese Transparenz führte zu einer differenzierten Diskussion über Risikopuffer und Notfallstrategien statt einer reinen Kostenoptimierungsdebatte.

Die Überführung von Erkenntnissen in konkrete Entscheidungsvorlagen markiert den Höhepunkt eines effektiven Management-Reportings. Mit Copilot können Sie diesen kritischen Schritt optimieren:

- "Erstelle auf Basis meiner Analyseergebnisse eine Entscheidungsvorlage für den Vorstand mit klar definierten

Optionen, quantifizierten Kosten und Nutzen sowie einer Bewertungsmatrix nach den Kriterien [Kriterien einfügen]."

Eine typische Struktur umfasst:

1. **Ausgangssituation und Entscheidungsbedarf:**

   - Prägnante Darstellung des Kontexts
   - Klare Definition der zu treffenden Entscheidung
   - Verknüpfung mit strategischen Zielen

2. **Optionenübersicht:**

   - Strukturierte Darstellung der Handlungsalternativen
   - Quantifizierung von Kosten, Nutzen und Risiken
   - Vergleichende Bewertung nach relevanten Kriterien

3. **Begründete Empfehlung:**

   - Klare Präferenz mit nachvollziehbarer Begründung
   - Darstellung des erwarteten Outcomes
   - Definition von Erfolgskriterien und Meilensteinen

Ein Vertriebsleiter nutzte diesen Ansatz für seine Expansionsstrategie. Die von Copilot generierte Entscheidungsvorlage präsentierte drei klar strukturierte Optionen mit unterschiedlichen Ressourcen- und Risikoimplikationen. Diese Klarheit ermöglichte eine fokussierte Vorstandsdiskussion, die in weniger als 30 Minuten zu einer eindeutigen Richtungsentscheidung führte.

Die regelmäßige Aktualisierung und nachhaltige Kommunikation bildet einen oft vernachlässigten Aspekt des Management-Reportings. Mit Copilot können Sie einen konsistenten Kommunikationsrahmen etablieren, der Entscheidungsträgern ermöglicht, Entwicklungen im Zeitverlauf zu verfolgen:

- "Erstelle ein Update-Template für meine monatlichen Berichte, das konsistent die gleichen KPIs verfolgt, aber neue Entwicklungen und Abweichungen vom letzten Bericht besonders hervorhebt."

Diese Kontinuität schafft Vertrauen und erleichtert die Nachverfolgung von Entscheidungen und ihren Auswirkungen. Ein Projektleiter implementierte diesen Ansatz für sein Transformationsprogramm und erreichte damit nicht nur eine konstante Aufmerksamkeit des Lenkungsausschusses, sondern auch eine deutlich schnellere Entscheidungsfindung bei Kursanpassungen.

Die Nutzung von Copilot für effektives Management-Reporting revolutioniert nicht nur die Kommunikation Ihrer Modellergebnisse, sondern stärkt auch Ihre strategische Position im Unternehmen. Indem Sie komplexe Analysen in klare, handlungsorientierte Berichte übersetzen, werden Sie vom Datenlieferanten zum strategischen Partner für Entscheidungsträger. Im nächsten Abschnitt werden wir darauf aufbauen und zeigen, wie Sie Vertrauen in Copilot-gestützte Prognosen für Investitionsentscheidungen aufbauen können.

5.1.2 Vertrauen in Copilot-gestützte Prognosen für Investitionen Aufbauen

Skeptische Blicke durchbohrten mich, als ich zum ersten Mal eine Copilot-unterstützte Investitionsprognose im Vorstandsmeeting präsentierte. „Sollen wir jetzt Millionenentscheidungen auf Basis eines KI-Assistenten treffen?", fragte ein Vorstandsmitglied mit unverhohlener Skepsis. Diese Reaktion war verständlich und sogar gesund. Vertrauen in neue Prognosemethoden entsteht nicht über Nacht, sondern muss systematisch aufgebaut werden – besonders wenn es um kritische Investitionsentscheidungen geht. In diesem Abschnitt zeige ich Ihnen, wie Sie schrittweise Vertrauen für Ihre

Copilot-gestützten Prognosen entwickeln und Entscheidungsträger von deren Wert überzeugen können.

Der Aufbau von Vertrauen in Copilot-gestützte Prognosen folgt psychologischen Grundprinzipien. Menschen vertrauen Informationen, deren Entstehung sie verstehen können, die mit ihrer Erfahrung übereinstimmen und die sie selbst überprüfen können. Diese fundamentalen Vertrauensprinzipien bilden das Gerüst meines bewährten "TRUST"-Frameworks zur Etablierung von Vertrauen in Copilot-Prognosen für Investitionsentscheidungen.

Die systematische Vertrauensbildung nach dem TRUST-Framework umfasst fünf Kernelemente:

1. **T**ransparenz über Methodik:

   - Erklären Sie verständlich, wie Copilot die Daten analysiert
   - Machen Sie den Modellierungsprozess nachvollziehbar
   - Vermeiden Sie "Black Box"-Erklärungen, die Skepsis verstärken

2. **R**obustheitsnachweise:

   - Demonstrieren Sie die Zuverlässigkeit durch historische Validierung
   - Zeigen Sie die Stabilität bei veränderten Annahmen
   - Quantifizieren Sie Genauigkeitsmetriken objektiv

3. **U**nsicherheitsdarstellung:

   - Kommunizieren Sie Konfidenzintervalle und Bandbreiten ehrlich
   - Erläutern Sie Grenzen und Einschränkungen proaktiv
   - Zeigen Sie verschiedene Szenarien mit unterschiedlichen Wahrscheinlichkeiten

4. **S**tufenweise Implementation:

- Beginnen Sie mit niedrigschwelligen Entscheidungen
- Steigern Sie schrittweise die Entscheidungsrelevanz
- Bauen Sie eine positive Erfolgsbilanz auf

5. Trackingmechanismen:

- Etablieren Sie systematisches Monitoring von Prognosegenauigkeit
- Schaffen Sie Feedback-Schleifen zur kontinuierlichen Verbesserung
- Dokumentieren Sie Erfolge und Lerneffekte transparent

Die praktische Anwendung des TRUST-Frameworks hat mir wiederholt geholfen, anfängliche Skepsis gegenüber Copilot-gestützten Prognosen zu überwinden. Ein Finanzvorstand, der zunächst äußerst kritisch war, wurde zum größten Befürworter, nachdem wir einen strukturierten Validierungsprozess etabliert hatten, der die historische Genauigkeit unserer Copilot-Modelle transparent machte und klare Verbesserungen gegenüber früheren Methoden zeigte.

Die Macht anschaulicher Gegenüberstellungen sollte nicht unterschätzt werden. Statt abstrakt über Verbesserungen zu sprechen, visualisieren Sie konkrete Vergleiche. Bei einem mittelständischen Fertigungsunternehmen präsentierte ich eine Grafik, die drei Elemente nebeneinander zeigte: die tatsächlichen historischen Werte, die Prognosen mit traditionellen Methoden und die Copilot-gestützten Prognosen. Die deutlich geringeren Abweichungen der Copilot-Prognosen sprachen für sich und überzeugten selbst die größten Skeptiker.

Menschliches Urteilsvermögen bleibt ein unverzichtbarer Bestandteil vertrauenswürdiger Investitionsprognosen. Der Schlüssel liegt nicht im blinden Vertrauen in Copilot-Outputs, sondern in der intelligenten Kombination von KI-Analytik und menschlicher Expertise. Diese Balance sollten Sie aktiv kommunizieren und in Ihren Entscheidungsprozess integrieren:

- "Copilot hilft uns, Muster zu erkennen und alternative Szenarien zu generieren – die finale Bewertung und Entscheidung treffen wir auf Basis unserer Marktkenntnis und Erfahrung."

- "Wir nutzen Copilot als analytischen Sparringspartner, der unsere Annahmen hinterfragt und blinde Flecken aufdeckt – nicht als Entscheider."

Eine Produktmanagerin implementierte diesen hybriden Ansatz erfolgreich, indem sie ein Entscheidungsgremium etablierte, das Copilot-Prognosen als einen Input neben Marktexpertise und Kundeninterviews betrachtete. Diese explizite Integration menschlicher Urteilskraft in den Entscheidungsprozess baute Vertrauen auf beiden Seiten auf: Technologieskeptiker sahen ihren Input wertgeschätzt, während Datenexperten die analytische Fundierung schätzten.

Die schrittweise Erfolgsbilanz bildet das Herzstück nachhaltiger Vertrauensbildung. Beginnen Sie mit kleinen, niedrigschwelligen Prognosen und dokumentieren Sie akribisch deren Genauigkeit. Mit jedem erfolgreichen Anwendungsfall wächst das Vertrauen, was den Weg für bedeutsamere Investitionsentscheidungen ebnet. Ein strukturierter Implementierungspfad könnte so aussehen:

1. **Einsteigerstufe:**

    - Kurzfristige operative Prognosen mit geringem Risiko
    - Parallellauf mit bestehenden Methoden zum direkten Vergleich
    - Fokus auf Nachvollziehbarkeit und Transparenz
2. **Mittlere Stufe:**

- Taktische Planungsentscheidungen mit moderatem Budgetumfang
- Integration in bestehende Planungsprozesse
- Fokus auf Genauigkeitsmetriken und Vergleichsanalysen

3. **Fortgeschrittene Stufe:**

   - Strategische Investitionsentscheidungen mit signifikantem Volumen
   - Eigenständige Entscheidungsgrundlage mit menschlicher Validierung
   - Fokus auf Mehrwert und strategische Implikationen

Ein Controller eines Handelsunternehmens etablierte genau diesen gestaffelten Ansatz. Beginnend mit wöchentlichen Bestandsprognosen, die wenig Risiko bargen, baute er Vertrauen auf, bewegte sich zu Quartalsumsatzprognosen und schließlich zu mehrjährigen Investitionsszenarien für neue Märkte. Nach 18 Monaten waren Copilot-gestützte Prognosen integraler Bestandteil aller Investitionsentscheidungen.

Die proaktive Adressierung typischer Bedenken stärkt das Vertrauen erheblich. Antizipieren Sie kritische Fragen und bereiten Sie fundierte Antworten vor:

- "Wie kann ein KI-Assistent Marktveränderungen vorhersehen, die es so noch nie gab?"
- "Wie vermeiden wir, dass Copilot einfach historische Muster fortschreibt?"
- "Woher wissen wir, dass Copilot keine versteckten Verzerrungen enthält?"

Eine Finanzplanerin erstellte ein "FAQ-Dokument" mit transparenten Antworten auf solche Fragen und stellte es allen Entscheidungsträgern zur Verfügung. Diese Offenheit im Umgang mit Limitationen baute mehr Vertrauen auf als jeder Versuch, Schwächen zu verbergen.

Die Integration von Experteneinschätzungen in Copilot-gestützte Modelle schafft eine wichtige Brücke zwischen traditionellen und neuen Prognosemethoden. Ich empfehle ein dialogisches Verfahren, bei dem Fachexperten ihre Annahmen einbringen, Copilot diese analysiert und verfeinert, und die Experten dann das Ergebnis validieren. Diese kollaborative Methodik nimmt Copilot die Aura der unergründlichen "Blackbox" und schafft ein Gefühl der Mitgestaltung.

Eine Strategieberaterin implementierte diesen Ansatz durch vierteljährliche Workshops, in denen Branchenexperten ihre Einschätzungen zu Markttrends formulierten, diese mit Copilot-Analysen abglichen und gemeinsam die finalen Prognosemodelle kalibrierten. Diese Einbindung führte zu signifikant höherer Akzeptanz der resultierenden Investitionsempfehlungen.

Die Dokumentation des Mehrwerts bildet einen oft übersehenen Aspekt erfolgreicher Vertrauensbildung. Halten Sie systematisch fest, welchen konkreten Nutzen Ihre Copilot-gestützten Prognosen generieren:

- Quantifizieren Sie die verbesserte Prognosegenauigkeit
- Dokumentieren Sie Zeitersparnisse im Analyseprozess
- Erfassen Sie Beispiele vermiedener Fehlinvestitionen
- Sammeln Sie qualitatives Feedback von Entscheidungsträgern

Ein Produktionsleiter führte eine "Prognoseerfolgs-Scorecard" ein, die kontinuierlich die Genauigkeit, den Zeitaufwand und den geschäftlichen Impact verschiedener Prognosemethoden verglich. Diese objektive Dokumentation überzeugte selbst langjährige Skeptiker von der Überlegenheit des Copilot-gestützten Ansatzes.

Die Etablierung einer verbindlichen Governance für Copilot-Prognosen schafft institutionelles Vertrauen. Definieren Sie klare Prozesse, Verantwortlichkeiten und Qualitätssicherungsmaßnahmen:

- Welche Arten von Investitionsentscheidungen erfordern welche Validierungsstufen?
- Wer prüft und verantwortet Copilot-generierte Prognosen?
- Welche Dokumentationsstandards gelten für Modelle und Annahmen?
- Wie werden Abweichungen analysiert und in zukünftige Modelle integriert?

Ein Finanzvorstand implementierte einen dreistufigen Governance-Prozess: Prognosen unter 100.000 Euro Investitionsvolumen konnten nach einer einfachen Plausibilitätsprüfung genutzt werden, mittlere Investitionen erforderten eine dokumentierte Back-Testing-Validierung, und strategische Großinvestitionen durchliefen zusätzlich eine unabhängige Expertenvalidierung. Diese klare Struktur schuf Vertrauen auf allen Ebenen.

Das Vertrauen in Copilot-gestützte Prognosen ist kein einmaliges Ergebnis, sondern ein kontinuierlicher Prozess. Mit jeder erfolgreichen Anwendung, jeder transparenten Kommunikation und jeder integrierten Verbesserung wächst die Akzeptanz. Der Weg von skeptischen Blicken zu überzeugten Anwendern mag zunächst steil erscheinen, doch mit dem TRUST-Framework und konsequenter Umsetzung werden Ihre Copilot-gestützten Investitionsprognosen bald zu einem unverzichtbaren, vertrauenswürdigen Bestandteil Ihrer strategischen Entscheidungsprozesse.

5.2 Den Ansatz Skalieren: Prädiktive Modellierung im Team Demokratisieren

5.2.1 Best Practices für Copilot-Excel-Modellierung im Team Teilen

Die Kraft prädiktiver Modellierung vervielfacht sich, wenn sie im Team geteilt wird. Diese Erkenntnis traf mich während eines Projekts mit einem mittelständischen Fertigungsunternehmen. Das Controlling-Team hatte individuell verschiedene Ansätze zur Prognosemodellierung entwickelt, doch der wahre Durchbruch kam erst, als wir einen strukturierten Wissensaustausch etablierten. Aus isolierten Insellösungen entstand ein kollektiver Wissenspool, der die Vorhersagegenauigkeit um beeindruckende 23% steigerte. Diese Transformation verdeutlichte mir, dass die Skalierung von Copilot-Excel-Expertise im Team nicht nur die Effizienz verbessert, sondern auch völlig neue Qualitätsdimensionen erschließt.

Die Demokratisierung prädiktiver Modellierung mit Copilot im Team erfordert einen systematischen Ansatz. Isolierte Expertenlösungen bieten zwar punktuelle Erfolge, doch der wahre Mehrwert entfaltet sich erst durch gemeinsame Standards, geteiltes Wissen und kollaborative Entwicklung. Mit einem durchdachten Framework zur Teamintegration können Sie die Kraft Ihrer Excel-Modelle exponentiell steigern und gleichzeitig die Abhängigkeit von einzelnen Wissungsträgern reduzieren.

Meine Erfahrung in der Beratung von Teams hat mir gezeigt, dass erfolgreiche Copilot-Excel-Implementierungen im Team einem klaren Muster folgen, das ich als "TEAM"-Prinzip bezeichne:

1. **T**emplates und Standards etablieren:

    - Entwickeln Sie einheitliche Modellvorlagen für typische Anwendungsfälle

- Definieren Sie konsistente Namenskonventionen und Strukturen
- Schaffen Sie verbindliche Qualitätsstandards und Prüfprozesse

2. Expertise-Transfer systematisieren:

   - Implementieren Sie regelmäßige Wissensaustausch-Formate
   - Dokumentieren Sie bewährte Praktiken und Lerneffekte
   - Fördern Sie Peer-Learning durch Pairing und Mentoring

3. Adaptive Verbesserung organisieren:

   - Etablieren Sie kontinuierliche Feedback-Mechanismen
   - Sammeln Sie systematisch Verbesserungsvorschläge
   - Implementieren Sie regelmäßige Modell-Reviews

4. Metrik-basierte Steuerung umsetzen:

   - Definieren Sie klare Erfolgskennzahlen für Modellqualität
   - Tracken Sie Genauigkeit, Effizienz und Wertbeitrag
   - Visualisieren Sie Fortschritte transparent für alle Teammitglieder

Ein Finanzteam eines Pharmaunternehmens setzte dieses Prinzip konsequent um und erreichte innerhalb von sechs Monaten eine Vervierfachung der aktiven Copilot-Excel-Modellnutzer bei gleichzeitiger Steigerung der Prognosegenauigkeit um 17%. Diese beeindruckende Skalierung gelang durch die systematische Anwendung der TEAM-Methodik und zeigt das enorme Potenzial strukturierter Wissensdemokratisierung.

Die Entwicklung einheitlicher Templates und Standards bildet das Fundament erfolgreicher Teamimplementierung. Standardisierung mag zunächst kreativitätseinschränkend wirken, doch meine Erfahrung zeigt, dass gut konzipierte Standards tatsächlich Innovation fördern, indem sie Basisaufgaben erleichtern und Raum für wertschöpfende Aktivitäten schaffen. Ich empfehle folgende Elemente für Ihre Excel-Copilot-Standards:

- **Modulare Modellbibliothek:**

    - Standard-Tabellenblattstrukturen für verschiedene Anwendungsfälle
    - Vorlagen für typische Prognosemodelle (Umsatz, Kosten, Cashflow)
    - Wiederverwendbare Bausteine für häufige Modellelemente
- **Prompt-Katalog:**

    - Dokumentierte Beispiel-Prompts für verschiedene Modellierungsaufgaben
    - Annotierte Erfolgsbeispiele mit Erklärung der Wirkungsmechanismen
    - Optimierungsrichtlinien für verschiedene Analysezwecke
- **Dokumentationsstandards:**

    - Einheitliche Struktur für Modelldokumentation
    - Standardisierte Meta-Informationen zu Annahmen und Einschränkungen
    - Klare Kennzeichnung von Input-, Berechnungs- und Outputbereichen

Ein Controlling-Team eines Handelsunternehmens entwickelte eine beeindruckende Modellbibliothek mit 12 standardisierten Vorlagemodellen, die 80% aller typischen Anwendungsfälle abdeckten. Jedes Modell beinhaltete dedizierte Bereiche für Copilot-Interaktionen und klare Integrationsschnittstellen. Diese Standardisierung reduzierte die Einarbeitungszeit für neue

Teammitglieder von Wochen auf Tage und steigerte die Konsistenz der Analysen über verschiedene Abteilungen hinweg dramatisch.

Der Wissenstransfer im Team erfordert eine Balance zwischen Struktur und Flexibilität. Eine rein dokumentationsbasierte Weitergabe greift zu kurz, während unkoordinierter ad-hoc-Austausch oft ineffizient bleibt. Ich habe folgende Kombination aus formellen und informellen Transfermechanismen als besonders wirksam erlebt:

1. **Strukturierte Lernformate:**

   - **Modell-Walkthroughs:** Regelmäßige Präsentationen realer Modelle mit Fokus auf Copilot-Integration
   - **Prompt-Workshops:** Kollaborative Optimierung von Copilot-Prompts für spezifische Anwendungsfälle
   - **Skill-Building-Sessions:** Fokussierte Kurztrainings zu spezifischen Techniken

2. **Informelle Austauschgefäße:**

   - **Modellierungs-Sprechstunden:** Offene Zeitfenster für spontane Unterstützung
   - **Peer-Review-Tandems:** Wechselnde Zweierteams für gegenseitiges Feedback
   - **Digital Communities:** Interne Plattformen zum Austausch von Tipps und Tricks

3. **Wissensmanagement-Infrastruktur:**

   - **Modell-Repository:** Zentrale Sammlung aller Teammodelle mit Metadaten
   - **Best-Practice-Datenbank:** Dokumentierte Erfolgsbeispiele und Learnings
   - **FAQ-System:** Crowdsourced Antworten auf häufige Fragen

Ein Produktionsplanungsteam implementierte ein wöchentliches "Modell-Spotlight", bei dem Teammitglieder reale Copilot-Excel-Modelle vorstellten und zur Diskussion stellten. Diese 30-minütigen Sessions wurden aufgezeichnet und bildeten über Zeit eine wertvolle Bibliothek praktischer Anwendungsbeispiele. Dieses einfache Format führte zu einer erkennbaren Konvergenz der Modellierungsansätze und einer steilen kollektiven Lernkurve.

Die kontinuierliche Verbesserung Ihrer Team-Modellierungspraxis stellt einen kritischen Erfolgsfaktor dar. Einmal etablierte Praktiken müssen regelmäßig hinterfragt und weiterentwickelt werden, insbesondere angesichts der raschen Evolution von Copilot selbst. Ich empfehle die Implementierung eines zyklischen Verbesserungsprozesses:

1. **Regelmäßige Retrospektiven:**

   - Vierteljährliche Team-Reflexion zu Modellierungspraktiken
   - Offene Diskussion von Herausforderungen und Erfolgen
   - Gemeinsame Priorisierung von Verbesserungsbereichen

2. **Systematisches Feedback-System:**

   - Strukturierte Bewertung der Modellqualität durch Nutzer
   - Tracking von Modellgenauigkeit über Zeit
   - Dokumentation unerwarteter Modellverhaltensweisen

3. **Experimentierräume:**

   - Dedizierte Zeit für die Exploration neuer Copilot-Techniken
   - "Innovation Days" für disruptive Modellierungsansätze

- Kollaboratives Prototyping für komplexe Anwendungsfälle

Ein Supply-Chain-Team implementierte einen monatlichen "Modell-Check-up", bei dem jedes produktive Prognosemodell einer strukturierten Qualitätsprüfung unterzogen wurde. Diese Routine deckte nicht nur Verbesserungspotenziale auf, sondern förderte auch eine Kultur kontinuierlicher Optimierung. Die identifizierten Best Practices wurden systematisch dokumentiert und in die Standardvorlagen integriert.

Die Qualitätssicherung bei skalierten Copilot-Excel-Modellen erfordert besondere Aufmerksamkeit. Mit steigender Anzahl von Modellen und Anwendern wächst das Risiko von Inkonsistenzen und Qualitätsproblemen. Ein robuster QS-Prozess ist daher unverzichtbar:

- **Mehrstufiges Review-System:**

    - Selbstcheck anhand standardisierter Checklisten
    - Peer-Review für alle produktiven Modelle
    - Expertenvalidierung für kritische Entscheidungsmodelle
- **Automatisierte Qualitätschecks:**

    - Prüfung auf Einhaltung von Namenskonventionen
    - Validierung von Formelbereichen und Strukturen
    - Konsistenzprüfung von Input- und Ausgabebereichen
- **Regelmäßige Genauigkeitsüberprüfung:**

    - Kontinuierliches Tracking von Forecast-Accuracy-Metriken
    - Benchmarking zwischen verschiedenen Modellversionen
    - Root-Cause-Analyse bei signifikanten Abweichungen

Ein Vertriebsplanungsteam führte ein innovatives "Modell-MOT" ein, eine jährliche umfassende Prüfung aller strategischen Prognosemodelle. Diese formalisierte Qualitätskontrolle identifizierte nicht nur Optimierungspotenziale, sondern schuf auch Vertrauen bei den Entscheidungsträgern, die auf die Modelle angewiesen waren.

Die Motivation und kontinuierliche Aktivierung des Teams stellt einen oft unterschätzten Erfolgsfaktor dar. Selbst die besten methodischen Ansätze scheitern, wenn die Teammitglieder nicht engagiert bleiben. Ich habe folgende Aktivierungsstrategien als besonders wirksam erlebt:

- **Erfolgsgeschichten prominent teilen:**
    - Regelmäßige Showcase-Meetings für gelungene Modelle
    - Dokumentation von Effizienzgewinnen und Qualitätsverbesserungen
    - Anerkennung innovativer Modelllösungen und Copilot-Anwendungen
- **Niedrigschwellige Einstiegspunkte schaffen:**
    - "Starter-Kits" mit vorbereiteten Modellvorlagen
    - Gestaffelte Entwicklungspfade mit inkrementellen Herausforderungen
    - Buddy-System für neue Anwender
- **Gemeinschaftsgefühl fördern:**
    - "Modellierungs-Community" mit eigener Identität etablieren
    - Kollaborative Challenges für Teamlösungen
    - Geteilte Erfolgserlebnisse und Lernfortschritte feiern

Ein Finanzteam führte einen monatlichen "Copilot-Champion"-Award ein, der besonders innovative oder wertschöpfende Modellierungslösungen würdigte. Diese einfache

Form der Anerkennung löste einen gesunden Wettbewerb aus und förderte die kontinuierliche Weiterentwicklung der gemeinsamen Modellierungspraxis.

Die Skalierung von Copilot-Excel-Modellierung im Team birgt enormes Potenzial, erfordert aber einen durchdachten, strukturierten Ansatz. Durch die konsequente Anwendung der beschriebenen Best Practices können Sie eine selbstverstärkende Dynamik kontinuierlicher Verbesserung initiieren, die sowohl die Qualität Ihrer Prognosen als auch die Effizienz Ihres Teams nachhaltig steigert. Im nächsten Abschnitt zeige ich Ihnen, wie Sie diese methodischen Fortschritte in eine breite organisatorische Akzeptanz überführen können.

5.2.2 Organisatorische Akzeptanz für Neue Prognosemethoden Fördern

Selbst brillante Copilot-Excel-Modelle scheitern ohne organisatorische Akzeptanz. Diese schmerzliche Wahrheit lernte ich bei einem Automobilzulieferer, als mein technisch makelloses Prognosemodell trotz überlegener Genauigkeit vom Management ignoriert wurde. Nicht etwa aus fachlichen Gründen, sondern weil es als "zu neu", "unbewiesen" oder schlicht "anders" wahrgenommen wurde. Die Erkenntnis traf mich wie ein Blitz: Technische Brillanz allein reicht nicht aus, um Veränderung zu bewirken. Die systematische Förderung organisatorischer Akzeptanz bildet den entscheidenden Schlüssel zur Wertschöpfung aus prädiktiven Modellen.

Organisatorische Veränderungen folgen psychologischen und sozialen Mustern, die weit über die technische Dimension hinausgehen. Meine Erfahrung zeigt, dass selbst in datengetriebenen Organisationen neue Methoden häufig auf unbewussten Widerstand stoßen. Die Integration Copilot-gestützter Prognosemodelle in etablierte

Unternehmensabläufe erfordert einen systematischen Change-Management-Ansatz, der sowohl rationale als auch emotionale Aspekte berücksichtigt.

Die Förderung organisatorischer Akzeptanz für innovative Prognosemethoden folgt einem bewährten Muster, das ich als "ADOPT"-Framework bezeichne:

1. **A**llianzen schmieden:

   - Identifizieren Sie einflussreiche Befürworter auf verschiedenen Organisationsebenen
   - Gewinnen Sie Unterstützung durch frühe Einbindung von Entscheidungsträgern
   - Bauen Sie eine kritische Masse an Unterstützern auf, bevor Sie breiter skalieren

2. **D**emonstration des Mehrwerts:

   - Quantifizieren Sie konkrete Verbesserungen durch Copilot-Prognosen
   - Machen Sie den Nutzen durch direkte Vergleiche mit bestehenden Methoden sichtbar
   - Übersetzen Sie technische Vorteile in geschäftliche Wertbeiträge

3. **O**nboarding optimieren:

   - Gestalten Sie niedrigschwellige Einstiegserlebnisse für neue Anwender
   - Bieten Sie unterschiedliche Lernpfade für verschiedene Vorkenntnisse
   - Reduzieren Sie wahrgenommene Komplexität durch schrittweise Heranführung

4. **P**rioritäten setzen:

   - Beginnen Sie mit Anwendungsfällen mit hoher Sichtbarkeit und niedrigem Risiko
   - Konzentrieren Sie sich auf Bereiche mit besonders spürbarem Verbesserungspotenzial

- Schaffen Sie frühe Erfolge, die Momentum für weitere Implementierung generieren

5. Transformation verankern:

- Integrieren Sie neue Methoden in bestehende Prozesse und Governance-Strukturen
- Entwickeln Sie Nachhaltigkeitsmechanismen für langfristige Adoption
- Schaffen Sie formale Anreize für die Nutzung innovativer Prognosemethoden

Eine Finanzplanerin eines mittelständischen Maschinenbauunternehmens wandte dieses Framework erfolgreich an. Anstatt ihr Copilot-gestütztes Cashflow-Prognosemodell als revolutionären Ansatz zu präsentieren, baute sie zunächst eine Allianz mit dem Controlling-Teamleiter und zwei einflussreichen Abteilungsleitern auf. Diese frühen Unterstützer halfen, die neue Methode als Evolution statt Revolution zu positionieren und gewannen schrittweise breitere Akzeptanz im Finanzteam.

Die Überwindung typischer Widerstände erfordert ein tiefes Verständnis ihrer Grundursachen. Meine Erfahrung mit zahlreichen Teams hat mir gezeigt, dass Widerstand gegen Copilot-gestützte Prognosemodelle meist auf spezifischen Bedenken basiert, die gezielt adressiert werden müssen:

- **Vertrauensdefizit:** Skepsis gegenüber KI-generierten Prognosen und Sorge vor "Black-Box"-Entscheidungen
- **Kontrollverlustängste:** Befürchtung, dass menschliches Urteilsvermögen an Bedeutung verliert
- **Statusbedrohung:** Sorge um Entwertung bestehender Expertise und etablierter Rollen
- **Prozessdisruption:** Widerstand gegen Veränderungen etablierter Arbeitsabläufe
- **Ressourcenbedenken:** Sorge um zusätzlichen Aufwand ohne erkennbaren Mehrwert

Ein Controller eines Handelsunternehmens identifizierte Vertrauensdefizite als Hauptbarriere für die Akzeptanz seiner Copilot-Prognosen. Seine Lösung: Er entwickelte ein "Gläsernes Modell", das alle Annahmen, Datenquellen und Berechnungsschritte vollständig transparent machte und jede Copilot-Interaktion dokumentierte. Diese Transparenz baute Vertrauen auf und führte zur schrittweisen Akzeptanz selbst bei anfänglichen Skeptikern.

Die Integration neuer Prognosemethoden in bestehende Prozesse bildet einen kritischen Erfolgsfaktor. Anstatt parallele Strukturen aufzubauen, sollten Sie Copilot-gestützte Modelle als Ergänzung und Verbesserung etablierter Workflows positionieren. Diese evolutionäre statt revolutionäre Herangehensweise reduziert Widerstände erheblich. Meine bevorzugte Integrationsstrategie folgt dem "Erweitern, nicht Ersetzen"-Prinzip:

1. **Identifizieren Sie Anknüpfungspunkte:**

   - Analysieren Sie bestehende Planungs- und Prognoseprozesse
   - Erkennen Sie Schmerzpunkte und Verbesserungspotenziale
   - Suchen Sie natürliche Integrationsmöglichkeiten für Copilot-Methoden

2. **Beginnen Sie als Parallelstruktur:**

   - Führen Sie neue Methoden zunächst als ergänzende Perspektive ein
   - Vermeiden Sie direkte Konkurrenz zu etablierten Ansätzen
   - Nutzen Sie Vergleiche zur Demonstration des Mehrwerts

3. **Reifungsprozess gestalten:**

   - Etablieren Sie iterative Verbesserungszyklen mit Nutzer-Feedback

- Bauen Sie Vertrauen durch nachgewiesene Überlegenheit auf
- Lassen Sie Nutzer Vorteile selbst entdecken statt sie aufzuzwingen

Eine Vertriebsleiterin implementierte diesen Ansatz durch ein "Methodenportfolio"-Konzept. Anstatt traditionelle Trendextrapolationen direkt durch Copilot-Prognosen zu ersetzen, führte sie ein Dashboard ein, das beide Methoden nebeneinander zeigte. Diese Paralleldarstellung ermöglichte objektive Vergleiche und führte innerhalb von drei Monaten zu einer freiwilligen Präferenz für den Copilot-gestützten Ansatz durch die meisten Teamleiter.

Die Kulturelle Dimension organisatorischer Akzeptanz wird oft unterschätzt. Prognosen sind in vielen Unternehmen nicht nur technische Werkzeuge, sondern tief verwurzelte kulturelle Praktiken mit sozialen und politischen Dimensionen. Die erfolgreiche Transformation dieses kulturellen Kontexts erfordert gezielte Interventionen auf verschiedenen Ebenen:

- **Sprache und Framing:** Verwenden Sie vertraute Begriffe und vermeiden Sie technischen Jargon, der Barrieren schafft.
- **Rituale und Praktiken:** Integrieren Sie neue Methoden in bestehende Meetings und Entscheidungsprozesse.
- **Normen und Standards:** Entwickeln Sie gemeinsame Qualitätsstandards für prädiktive Modelle.
- **Machtdynamiken:** Berücksichtigen Sie, wie neue Methoden bestehende Entscheidungskompetenzen beeinflussen.

Ein Produktionsleiter erkannte die kulturelle Bedeutung der monatlichen Planungsrunden in seinem Unternehmen. Statt diese zu ersetzen, integrierte er Copilot-Prognosen als festen Bestandteil in dieses etablierte Format. Die vertraute Struktur erleichterte die Akzeptanz der neuen Inhalte erheblich.

Das Storytelling rund um neue Prognosemethoden spielt eine entscheidende Rolle für deren Akzeptanz. Die Narrative, die Sie um Copilot-gestützte Prognosen aufbauen, prägen maßgeblich deren Wahrnehmung und Adoption. Ich empfehle, eine bewusste Storytelling-Strategie zu entwickeln, die verschiedene Zielgruppen anspricht:

- **Für Führungskräfte:** Narrativ der strategischen Wettbewerbsfähigkeit und fundierten Entscheidungsfindung
- **Für Fachexperten:** Geschichte der methodischen Weiterentwicklung und professionellen Exzellenz
- **Für Anwender:** Erzählung der Arbeitserleichterung und persönlichen Weiterentwicklung
- **Für Skeptiker:** Narrativ der kontrollierten Erprobung und evidenzbasierten Evaluation

Eine Supply-Chain-Managerin entwickelte ein Storytelling-Format mit dem Titel "Von Daten zu Entscheidungen", das regelmäßig Erfolgsgeschichten Copilot-gestützter Prognosen im Unternehmensportal teilte. Diese kontinuierliche Erfolgsnarrative schuf ein positives Momentum für breitere Adoption.

Die Entwicklung eines formalen Governance-Rahmens bildet einen wichtigen Meilenstein auf dem Weg zur organisatorischen Verankerung. Mit zunehmender Verbreitung Copilot-gestützter Prognosemodelle wächst der Bedarf an klaren Standards, Rollen und Verantwortlichkeiten. Ein strukturierter Governance-Rahmen schafft Vertrauen, Qualität und Skalierbarkeit. Ich empfehle folgenden Aufbau:

1. **Modellklassifikation:**

   - Kategorisieren Sie Modelle nach Geschäftskritikalität und Komplexität
   - Definieren Sie abgestufte Qualitäts- und Validierungsanforderungen

- Schaffen Sie Transparenz über Anwendungsbereiche und Einschränkungen

2. **Rollen und Verantwortlichkeiten:**

- Benennen Sie klare Modellverantwortliche und Validierungsinstanzen
- Etablieren Sie ein Center of Excellence für methodische Unterstützung
- Definieren Sie Eskalationswege für modellbezogene Probleme

3. **Qualitätsprozesse:**

- Implementieren Sie abgestufte Review- und Freigabeprozesse
- Etablieren Sie kontinuierliches Monitoring der Modellperformance
- Schaffen Sie Feedbackmechanismen für kontinuierliche Verbesserung

Eine Finanzcontrollerin etablierte einen dreistufigen Governance-Prozess für prädiktive Modelle: Einsteigermodelle mit Peer-Review, erweiterte Modelle mit methodischer Prüfung und kritische Modelle mit formaler Validierung und Dokumentation. Diese klare Struktur schuf Sicherheit und förderte gleichzeitig die breite Nutzung.

Der Aufbau interner Erfolgsgeschichten wirkt als kraftvoller Katalysator für organisatorische Akzeptanz. Nichts überzeugt skeptische Stakeholder wirksamer als konkrete Beispiele aus dem eigenen Unternehmenskontext. Ich empfehle, systematisch interne Anwendungsfälle zu dokumentieren und zu kommunizieren:

- Sammeln Sie quantifizierte Erfolgsmetriken (Genauigkeitsverbesserung, Zeitersparnis, etc.)
- Dokumentieren Sie konkrete Geschäftsvorteile durch verbesserte Prognosen

- Lassen Sie Anwender authentisch über ihre Erfahrungen berichten
- Teilen Sie Erfolgsgeschichten über verschiedene Kanäle (Intranet, Meetings, Workshops)

Ein IT-Projektmanager erstellte eine "Prognosegalerie", die verschiedene Copilot-Excel-Modelle aus unterschiedlichen Abteilungen samt deren messbarer Geschäftsvorteile präsentierte. Diese Sammlung interner Erfolgsbeispiele wirkte überzeugender als jede theoretische Argumentation für neue Methoden.

Die systematische Förderung organisatorischer Akzeptanz für Copilot-gestützte Prognosemethoden bildet das Bindeglied zwischen technischer Innovation und geschäftlichem Mehrwert. Durch die konsequente Anwendung des ADOPT-Frameworks, die Integration in bestehende Prozesse, kulturelle Sensibilität und überzeugendes Storytelling können Sie den entscheidenden Schritt von isolierten Modellinitiativen zu einer unternehmensweiten Prognosekompetenz meistern.

SCHLUSSFOLGERUNG

Hat sich Ihre Perspektive auf prädiktive Modellierung in Excel verändert? Als wir diese Reise gemeinsam begannen, standen viele von uns vor einem scheinbar unüberwindbaren Berg an Komplexität, technischen Hürden und Unsicherheit. Vielleicht waren Sie skeptisch, ob Excel wirklich das richtige Werkzeug für anspruchsvolle Prognoseanforderungen sein könnte. Oder Sie zweifelten daran, ob Copilot mehr als nur ein interessantes Spielzeug sein würde. Heute, nach unserer gemeinsamen Erkundung der vielfältigen Möglichkeiten, die sich durch die Kombination von Excel und Copilot eröffnen, stehen wir an einem völlig anderen Punkt. Die Transformation, die Sie durchlaufen haben, spiegelt meine eigene Reise von der skeptischen Controllerin zur überzeugten Vordenkerin prädiktiver Modellierung wider.

Die Demokratisierung analytischer Intelligenz bildet den Kern dieser Transformation. Was einst das Privileg spezialisierter Data Scientists war, liegt nun in Ihren Händen. Die Kombination aus Excel, dem weltweit meistgenutzten Analysetool, und Copilot, einem kraftvollen KI-Assistenten, hat eine neue Ära der prädiktiven Modellierung eingeläutet. Eine Ära, in der nicht mehr technische Expertise, sondern geschäftliches Verständnis und kritisches Denken die limitierenden Faktoren sind.

In meiner Arbeit mit Finanzteams verschiedenster Unternehmen beobachte ich immer wieder denselben Moment der Erkenntnis: Das plötzliche Verstehen, dass prädiktive Modellierung kein mysteriöses Fachgebiet ist, sondern ein praktisches Werkzeug für fundierte Entscheidungen. Diesen Moment erleben zu dürfen, wenn Fachexperten ihre eigenen Daten plötzlich in einem neuen Licht sehen und verborgene Zusammenhänge erkennen, gehört zu den bereicherndsten Aspekten meiner Tätigkeit. Ich hoffe, dass auch Sie diesen Moment der Erkenntnis erlebt haben, während Sie die Konzepte und Techniken in diesem Buch angewendet haben.

Die Reise von der einfachen Fortschreibung historischer Trends zur nuancierten Modellierung kausaler Zusammenhänge markiert einen fundamentalen Wandel im analytischen Denken. Wir haben gemeinsam gelernt, wie der Dialog mit Copilot diese Reise beschleunigen und vereinfachen kann. Von der Identifikation versteckter Annahmen über die Konstruktion erster Modelle bis hin zur Simulation komplexer Szenarien, Copilot hat sich als wertvoller Partner erwiesen, der sowohl technische Unterstützung als auch konzeptionelle Anregungen bietet.

Der vielleicht wichtigste Aspekt Ihrer Entwicklung liegt nicht in einzelnen Techniken oder Funktionen, sondern in einem grundlegend neuen Denkansatz. Sie haben gelernt, Daten nicht als isolierte Zahlenreihen zu betrachten, sondern als Ausdruck komplexer Zusammenhänge und kausaler Beziehungen. Dieser Perspektivwechsel verändert nicht nur Ihre Prognosen, sondern Ihr gesamtes analytisches Verständnis.

Meine eigene Transformation begann vor Jahren mit einer schmerzlichen Erfahrung. Als Controllerin hatte ich monatelang an einem komplexen Planungsmodell gearbeitet, nur um dann erleben zu müssen, wie es bei der ersten unerwarteten Marktveränderung vollständig versagte. Diese Erfahrung zwang mich, meine grundlegenden Annahmen zu hinterfragen und meinen Ansatz fundamental zu überdenken. Ähnlich wie ein Architekt, der nach einem Einsturz seine statischen Berechnungen neu evaluiert, begann ich, die strukturellen Grundlagen meiner Modelle zu erforschen.

Die Essenz erfolgreicher prädiktiver Modellierung liegt nicht in komplexen Algorithmen oder mathematischen Formeln, sondern im tiefen Verständnis der zugrundeliegenden Dynamiken. Dieses Verständnis erfordert sowohl fachliches Wissen als auch die Fähigkeit, über den Tellerrand hinaus zu denken. Copilot fungiert dabei als Brücke zwischen Ihrem Domänenwissen und den analytischen Möglichkeiten moderner Prognosemethoden.

Während unserer gemeinsamen Reise haben wir fünf zentrale Prinzipien erfolgreicher prädiktiver Modellierung mit Copilot in Excel entdeckt:

1. **Fundament des Prädiktiven Denkens:**

   - Die Transformation vom linearen zum kausalen Denken
   - Kritisches Hinterfragen impliziter Annahmen
   - Etablierung einer soliden Datenbasis für Copilot-Interaktionen

2. **Strukturierte Modellkonstruktion:**

   - Präzise Formulierung von Prompts für zielgerichtete Copilot-Unterstützung
   - Identifikation relevanter Einflussfaktoren mit Copilot-Hilfe
   - Systematische Validierung erster Modellergebnisse

3. **Iterative Verfeinerung und Optimierung:**

   - Kontinuierliche Verbesserung durch gezieltes Copilot-Feedback
   - Exploration komplexerer Zusammenhänge und nicht-linearer Muster
   - Intelligente Integration multipler Faktoren und deren Wechselwirkungen

4. **Strategische Szenarioplanung:**

   - Systematische Simulation verschiedener Zukunftspfade
   - Sensitivitätsanalysen zur Identifikation kritischer Einflussfaktoren
   - Überzeugende Kommunikation von Szenario-Ergebnissen

5. **Effektive Implementierung:**

- Transformation von Modellergebnissen in konkrete Handlungsempfehlungen
- Aufbau von Vertrauen in Copilot-gestützte Prognosen
- Skalierung des Ansatzes im Team und in der Organisation

Diese Prinzipien bilden nicht nur das Gerüst dieses Buches, sondern auch ein praktisches Rahmenwerk für Ihre zukünftige Arbeit mit prädiktiven Modellen in Excel. Sie bieten eine Balance aus methodischer Strenge und praktischer Anwendbarkeit, die sowohl für Einsteiger als auch für fortgeschrittene Anwender wertvoll ist.

Die Integration von Copilot in Excel markiert einen Wendepunkt in der Geschichte der Unternehmensanalyse. Sie steht am Schnittpunkt zweier mächtiger Strömungen: der Demokratisierung analytischer Werkzeuge und dem Aufstieg künstlicher Intelligenz. Diese Konvergenz schafft eine einzigartige Gelegenheit für Sie, analytische Exzellenz ohne prohibitive technische Barrieren zu erreichen.

Stellen wir uns die prädiktive Modellierung als eine Reise durch unbekanntes Terrain vor. In der Vergangenheit benötigten Sie spezielle Ausrüstung, jahrelanges Training und einen erfahrenen Guide, um dieses Terrain sicher zu navigieren. Mit Copilot und Excel haben Sie nun einen intelligenten Navigationsassistenten an Ihrer Seite, der Ihnen hilft, Hindernisse zu umgehen, vielversprechende Routen zu identifizieren und verborgene Schätze zu entdecken. Sie bleiben der Entscheidungsträger, bestimmen die Richtung und treffen die endgültigen Urteile, aber Ihr Assistent bietet wertvolle Einblicke, Vorschläge und Unterstützung entlang des Weges.

Während Sie Ihre Reise fortsetzen, werden Sie feststellen, dass die wahre Stärke prädiktiver Modellierung nicht in der perfekten Vorhersage der Zukunft liegt. Die Zukunft bleibt inhärent ungewiss.

Der eigentliche Wert liegt im systematischen Durchdenken möglicher Szenarien, im vertieften Verständnis kausaler Zusammenhänge und in der fundierten Abwägung von Handlungsoptionen. Ein gutes prädiktives Modell mag nicht immer richtig liegen, aber es wird Ihnen stets helfen, besser zu verstehen, warum bestimmte Entwicklungen eintreten und wie Sie darauf reagieren können.

Die dynamische Natur von Excel und Copilot bedeutet, dass Ihre Lernreise mit diesem Buch nicht endet, sondern erst richtig beginnt. Neue Funktionen, verbesserte Algorithmen und erweiterte Interaktionsmöglichkeiten werden kontinuierlich hinzugefügt. Ich ermutige Sie, diese Entwicklungen aktiv zu verfolgen und in Ihre Modellierungspraxis zu integrieren. Gleichzeitig rate ich Ihnen, die fundamentalen Prinzipien prädiktiven Denkens nicht aus den Augen zu verlieren. Technologie verändert sich, doch die Grundlagen analytischer Intelligenz bleiben bestehen.

Ihre zukünftige Entwicklung in der prädiktiven Modellierung könnte verschiedene Wege einschlagen:

- Sie könnten sich auf die Verfeinerung domänenspezifischer Modelle konzentrieren, die genau auf Ihre Branche oder Ihren Funktionsbereich zugeschnitten sind
- Sie könnten Ihre Excel-Copilot-Expertise mit anderen analytischen Werkzeugen kombinieren, um noch leistungsfähigere Hybrid-Lösungen zu schaffen
- Sie könnten zum Mentor für Kollegen werden und die Demokratisierung prädiktiver Analytik in Ihrem Team oder Unternehmen vorantreiben
- Sie könnten Ihre Fähigkeiten nutzen, um organisatorische Veränderungen zu katalysieren und eine datengestützte Entscheidungskultur zu fördern

Welchen Weg Sie auch wählen, die in diesem Buch vermittelten Fähigkeiten werden eine solide Grundlage bilden, auf der Sie aufbauen können. Die Kombination aus Excel-Expertise,

Copilot-Interaktion und prädiktivem Denken bildet ein dauerhaft wertvolles Skillset in einer zunehmend datengetriebenen Geschäftswelt.

Ich lade Sie ein, einen Moment innezuhalten und über Ihre persönliche Transformationsreise nachzudenken. Welche Konzepte haben Ihre Perspektive am stärksten verändert? Welche Techniken haben Sie bereits in Ihrer täglichen Arbeit angewendet? Welche Herausforderungen sehen Sie noch vor sich? Diese Reflexion ist nicht nur ein wichtiger Teil des Lernprozesses, sondern auch ein Anker für Ihre zukünftige Entwicklung.

Eine der wertvollsten Erkenntnisse, die ich in meiner Karriere gewonnen habe, ist die Bedeutung der kontinuierlichen Anwendung. Analytische Fähigkeiten, wie Muskeln, wachsen durch regelmäßiges Training. Ich ermutige Sie daher, die in diesem Buch vorgestellten Techniken nicht als theoretisches Wissen zu betrachten, sondern als praktische Werkzeuge, die regelmäßiger Anwendung bedürfen. Beginnen Sie mit kleinen Projekten, experimentieren Sie mit verschiedenen Ansätzen und lernen Sie aus jedem Erfolg und Misserfolg.

Die Gemeinschaft gleichgesinnter Praktiker bildet eine unschätzbare Ressource auf Ihrer weiteren Reise. Teilen Sie Ihre Erkenntnisse, tauschen Sie Erfahrungen aus und lernen Sie von den Perspektiven anderer. Diese kollaborative Dimension analytischer Praxis wird oft unterschätzt, kann aber einen enormen Mehrwert schaffen. In meiner eigenen Entwicklung waren die Einsichten und Herausforderungen meiner Kollegen und Kunden mindestens ebenso wertvoll wie formelle Weiterbildungen oder Fachliteratur.

Die Integration prädiktiver Modellierung in Ihre strategischen Entscheidungsprozesse erfordert mehr als nur technisches Know-how. Sie erfordert ein tiefes Verständnis organisatorischer Dynamiken, effektive Kommunikationsfähigkeiten und ein gutes Gespür für den richtigen Detaillierungsgrad. Die besten Modelle bleiben wirkungslos, wenn sie nicht überzeugend kommuniziert und in konkrete Handlungen übersetzt werden können. Ich hoffe, dass die Abschnitte zur strategischen Implementierung Ihnen praktische Hinweise gegeben haben, wie Sie diese Integration erfolgreich gestalten können.

Wenn wir zum Ausgangspunkt unserer Reise zurückkehren, zur Transformation von vagen Schätzungen zu fundierten Prognosen, können wir den zurückgelegten Weg deutlich erkennen. Was einst als komplexe, technisch anspruchsvolle Domäne erschien, ist nun ein zugängliches Werkzeug in Ihrem analytischen Arsenal. Die Kombination aus Excel und Copilot hat eine neue Klasse von Anwendern ermächtigt, prädiktive Modellierung als integralen Bestandteil ihrer täglichen Arbeit zu nutzen.

Prädiktive Modellierung ist kein Ziel an sich, sondern ein Mittel zu einem größeren Zweck: fundierte Entscheidungen in einer komplexen, unsicheren Welt zu treffen. In diesem Sinne hoffe ich, dass die Erkenntnisse und Techniken aus diesem Buch weit über die technischen Aspekte der Excel-Modellierung hinaus wirken. Mögen sie Ihnen helfen, klarere Perspektiven zu gewinnen, überzeugendere Argumente zu formulieren und mutigere strategische Entscheidungen zu treffen.

Die Reise der prädiktiven Modellierung gleicht dem Bau einer Brücke über einen Fluss der Unsicherheit. Mit jedem Konzept, jeder Technik und jedem Modell, das Sie entwickeln, fügen Sie einen weiteren Pfeiler hinzu, der diese Brücke stärkt. Excel bildet das strukturelle Gerüst, Copilot fungiert als intelligenter Bauleiter, und Ihr kritisches Denken ist der Architekt, der die Vision des Ganzen im Blick behält. Gemeinsam schaffen sie eine solide Verbindung zwischen der Datenrealität der Gegenwart und den strategischen Möglichkeiten der Zukunft.

Mit den Werkzeugen und Konzepten aus diesem Buch sind Sie bestens gerüstet, um Ihre eigene analytische Reise fortzusetzen. Ich bin überzeugt, dass Sie mit Neugier, kritischem Denken und dem systematischen Einsatz von Excel und Copilot beeindruckende prädiktive Modelle entwickeln werden, die echten Mehrwert für Ihre Entscheidungen schaffen. Die Zukunft mag ungewiss bleiben, aber Ihre Fähigkeit, sie zu navigieren, hat sich grundlegend verändert.

Claudia Keller

www.ingramcontent.com/pod-product-compliance
Lightning Source LLC
LaVergne TN
LVHW022341060326
832902LV00022B/4174